BAUSTEINE

für Musikerziehung und Musikpflege

BAUSTEINE
FÜR MUSIKERZIEHUNG UND MUSIKPFLEGE

SCHRIFTENREIHE

B 9

FRITZ JÖDE

DAS KANN ICH AUCH

KLEINE ELEMENTARLEHRE DER MUSIK
MIT SINGEN, INSTRUMENTENSPIEL UND TANZ
FÜR SCHULE UND HAUS

Einführung in die Musikantenfibel

B. SCHOTT'S SÖHNE · MAINZ
Schott & Co. Ltd., London · B. Schott's Söhne (Editions Max Eschig), Paris
Schott Music Corp. (Associated Music Publishers Inc.), New York

An die Musikerzieher in Schule und Haus

Liebe Kolleginnen! Liebe Kollegen!

In dieser kleinen Schrift möchte ich Ihnen einen Weg in die Melodie und damit gleichzeitig in die Musik der Gegenwart weisen. Ich möchte Ihnen zeigen, wie wir uns, solange wir noch in der Nähe der Elemente der Musik sind, in Tönen bewegen lernen können. Wenn wir dann bei weiterem Fortschreiten von der Gewißheit „Das kann ich auch" zu der Frage „Kann ich das auch?" kommen, so soll uns das nicht entmutigen. Lehrt es uns doch, durch das eigene kleine Tun den Abstand zum wirklich schöpferischen Musikwerk zu finden und dadurch eine tiefere Verbindung zu ihm zu gewinnen.

Ich hoffe, Ihnen dabei beweisen zu können, wie ungeahnt reich die sieben Töne unserer Grundtonleiter sind, und Sie werden feststellen, wie gut sich alte und neue Musik verstehen, und wie beglückend das alles sein kann, wenn wir uns diesem Leben so hingeben, daß es uns ganz erfüllt.

Fritz Jöde

INHALT

EINLEITUNG

Was es mit der Musikantenfibel auf sich hat

Darf ich Ihnen unsern Weggenossen, meine Musikantenfibel, vorstellen? Sie möchte Ihnen helfen, Ihre Kinder so zu führen, daß sie dabei auf die lustigste Weise *wie von selbst* auch mit dem Notenbild vertraut werden und nach Noten singen lernen. Ein ständiges Singen, Musizieren und Tanzen nach dem Schatzkästlein ihrer Sing-, Spiel- und Tanzweisen soll immer wieder zum eigenen Probieren anregen, damit jeder neue Schritt, den die Fibel lehrt, auch selbst getan wird. Auf diese Weise können Sie Ihren Kindern das Reich der Töne in einer Weise erschließen, die es ihnen ermöglicht, wach und froh und tätig am Leben der Musik teilzunehmen.

Und nun bitte: Nehmen Sie die Musikantenfibel einmal zur Hand und blättern Sie sie mit mir ein erstes Mal durch, damit Sie schon ein wenig bekannt werden mit ihrer Art, und zwar zuerst mit der Niederschrift, dann mit dem Inhalt und schließlich mit dem Weg.

Zuerst die Niederschrift

Wenn Sie das Nachwort auf Seite 36 aufschlagen, dann sehen Sie, daß ich wie früher über die Vor-Niederschrift der Handzeichen zur Voll-Niederschrift in Noten führe. Ich halte das „Aufschreiben" einer Melodie mit Handzeichen in die Luft für das vorzüglichste Mittel, einen melodischen Vorgang durch Angabe der Tonstufen und Tonlängen dem Ohr hörbar und dabei gleichzeitig dem Auge sichtbar zu machen. Wer den pädagogischen Wert der „singenden Hand" einmal erfahren hat, läßt eben nicht mehr davon.

Im übrigen verwende ich nach wie vor die *Tonika-Do-Handzeichen*, und zwar in der alten, vielen von Ihnen vertrauten Form — bis auf das Zeichen der 4. Stufe, das ich (auf eine frühere Anregung von Frieda Loebenstein und Guido Waldmann hin) gewissermaßen „entdure", indem ich das Zeichen der 2. Stufe, nur in entgegengesetzter Richtung, wiederkehren lasse. Wenn Ihnen jedoch die alte Form lieber ist, gebrauchen

Sie sie ruhig weiter. Es ist aber auch durchaus möglich, daß Sie die neuen Zeichen (nach Wenz) verwenden. Daran braucht unser Zusammenarbeiten nicht zu scheitern. Jedenfalls sollten aber alle, denen die „singende Hand" noch unbekannt ist, einmal den Versuch mit diesen Zeichen machen. Geschieht das in lebendiger Weise, d. h., werden mit den Zeichen wirkliche Bewegungen gegeben, dann wird man erfahren, wie bald sich in den Kindern aus der Vorstellung heraus der Sinn für Tonbewegungen entwickelt.

Auf der nächsten Seite (37) habe ich die Schlüsselfrage kurz erklärt. Ich habe zum ersten Male eine Darstellung angestrebt, die bei der Niederschrift jeweils den Bestand berücksichtigt, der gerade vorliegt. Ich habe mich nicht lange gefragt, von wie vielen Notenlinien man ausgehen soll, sondern gleich mit den üblichen fünf Linien unseres Notensystems begonnen. Aber um eins habe ich mir Gedanken gemacht: wie die Kinder auch durch die Entwicklung des Notenschlüssels auf die Entwicklung ihrer melodischen Erlebnisse hingewiesen werden können.

Auf den Seiten 4 und 5 finden Sie noch keinen Schlüssel. Er erübrigt sich, da unser Weg mit der kleinen Kuckucksterz beginnt und wir diese sogleich von Zwischenraum zu Zwischenraum oder von Linie zu Linie notieren. Es kommt zuerst ja auch nichts anderes vor. Wir singen und musizieren nur mit den zwei Tönen, oder, wie wir besser sagen, „im Zweiton".

Wenden wir uns der Seite 6 zu, so finden wir zum erstenmal das, was wir zur Orientierung wünschen: einen Schlüssel am Anfang der Zeile, der uns sagt, was eigentlich los ist. Es ist aber noch kein Schlüssel, der einen festliegenden Ton bezeichnet; das kommt viel später. Es geht ja noch lange nicht um festliegende Einzeltöne, sondern vorläufig nur um Tonbewegungen: um das Melodische selbst. Aber wenn wir gleich beim ersten Lied, dem Eisenbahnspiel, drei verschiedene „Töne" (gemeint sind Stufen) zu sehen bekommen, nämlich außer der 5. (So) und der 3. Stufe (Mi) noch die 6. (La), so müssen wir uns dazu bequemen, bei jeder Notenzeile vorn einen Orientierungsschlüssel anzubringen. Und da hat mich einmal ein Junge darauf gebracht, daß wir eigentlich doch, wo wir vom Kuckucksruf ausgegangen sind, nichts weiter zu tun brauchen, als diesen ersten melodischen Ruf zu erkennen zu geben. Gewiß könnte man einfach die beiden Töne selbst, untereinandergesetzt, in Klammern davorschreiben, wie ich zuerst ja auch getan habe. Aber es schien mir besonders lustig, als der Junge einen richtigen Kuckuck vorn hinmalte und ihn den Schnabel so weit aufmachen ließ, daß er vom SO zum MI reichte. So bedeuten also die beiden kleinen, im spitzen Winkel auseinanderstrebenden Linien, die aus der senkrechten Anfangslinie herauswachsen, nichts anderes als einen Kuckucksschnabel. Und je nachdem dieser höher oder tiefer steht, je nachdem singen wir (nach vorheriger gemeinsamer Orientierung durch den Kuckucksruf) die Melodie höher oder tiefer.

Was heißt es nun aber, wenn beim Schornsteinfeger (Seite 6) darüber steht „aus LA" oder beim Schlafliedchen (Seite 7) „aus MI"? Das heißt, daß jedes dieser Liedchen einen Ton hat, der für die andern und für die ganze Tonbewegung maßgebend ist, der die eigentliche Orientierung erreicht und durch das ganze Stückchen hindurch deutlich herausgehört wird. Wer das von vornherein richtig versteht, der merkt sehr bald, daß wir uns hier auf dem Wege zur Pentatonik befinden, bis zu der hin jeder Ton im Sinne der Freiheit der pentatonischen Tonlinie Orientierungston sein kann. Ein „Grundton" kommt hier vorläufig genausowenig vor wie in der alten und neuen pentatonischen Kinderweise.

Jedenfalls singen und musizieren wir nun eine ganze Weile mit dem Kuckucksschlüssel, der, wie gesagt, immer andere Plätze bekommt, damit die Kinder sich von Anbeginn her daran gewöhnen, beim Notenlesen und Notensingen nicht nur einzelne Töne optisch und akustisch zu erfassen, sondern die Tonfolge selbst, d. h. die ganze Melodie. Wem aber der kleine, freundliche Kuckucksschlüssel zu umständlich ist, der halte sich nicht darüber auf, sondern schreibe einfach den Kuckucksruf in Klammern vorn an den Anfang jedes Notensystems. Oder er mache es so, wie er es für gut hält. Das eine aber sollte uns vereinen: daß der Kuckucksruf für die erste Zeit unser Ausgang ist, von dem her wir uns zurechtfinden, keinesfalls aber der Grundton, der ja noch gar nicht aufgekreuzt ist.

Aber wie lange behalten wir nun diesen (oder einen ihm entsprechenden) ersten Schlüssel bei? Nun, eben so lange, bis wir über den Dreiton (SO - MI - LA) und den Vierton (SO - MI - LA - RE) hinaus im Fünfton mit dem schließlich gefundenen

DO so weit musiziert haben, daß das DO nun wirklich als Grundton, d. h., für das Ohr als der feste Orientierungs*punkt* erscheint, der er für die ganze klassische Musik geworden ist. Denn wenn wir das DO etwa auf Seite 10 unten bei dem altbekannten Laternenbild hören, so wird ja wohl niemand behaupten können, daß es hier Grundton sei. Hat es da doch weniger Bedeutung für das Ganze als alle anderen Stufen. Aber auf Seite 18 bei den Worten „Der Schlüssel ist da": da ist er wirklich zum Grundton geworden. Und deshalb setzen wir jetzt an die Stelle des Kuckucksschlüssels den Grundtonschlüssel, den „Do-Schlüssel", wie wir ihn nennen, und zwar in der einfachsten Form des beweglichen alten c-Schlüssels, mit dem er außerdem gemein hat, daß er eben auch beweglich ist und also die Kinder wiederum nicht auf einzelne Töne hinweist, sondern auf die Tonfolge, die Melodie als solche.

Diesen Schlüssel behalten wir nun wiederum so lange bei, bis wir den „Siebenton", d. h., unsere Grundtonleiter von 1 bis 8, erreicht haben, was in der Fibel auf Seite 26 der Fall ist. Erst dann, wenn wir alle melodischen Möglichkeiten bis dahin ausgekostet haben, gehen wir zum festen G-Schlüssel über, allerdings nicht ohne von Zeit zu Zeit, wo es uns angebracht erscheint, noch einmal zum tieferen Verständnis des melodischen Zusammenhangs zum Do-Schlüssel zurückzugreifen, wie etwa auf Seite 30, wo uns auf diese Weise das Maienlied in seinen beiden Teilen mit ihrer unterschiedlichen Orientierung deutlich wird, der ersten „aus DO" und der zweiten „aus LA", mithin aeolisch Moll, wobei ich ebenfalls dem Rat eines Jungen gefolgt bin, indem ich dem Do-Schlüssel einen doppelten Bart gegeben habe, einen für das Do und darunter einen für das La. Das sei zur Schlüsselfolge gesagt, die also auch an der Entwicklung der Melodie im Kinde teilnimmt.

Diesen Weg einer Entwicklung geht die Musikantenfibel auch in der Niederschrift rhythmisch-metrischer Werte. Schlagen Sie noch einmal die Seiten 4 und 5 auf, so sehen Sie, daß dort nur Noten mit hohlen Köpfen, „Nudeln" — wie wir sagen — stehen. Diese ersten Zeichen für die Töne sagen jedoch nichts über ihre Dauer aus. Das ist ja auch nicht nötig, denn lang und kurz ergibt sich auf dieser Entwicklungsstufe aus den Worten, und wo eine Weise keine Worte hat, da ergibt sich die Dauer aus ihrem

melodischen Sinn. Ich glaube nicht, daß Sie irgendwo ein Stücklein finden, das sich nicht, wenn man sich nur ein wenig hinein-
hört, in seinem rhythmisch-melodischen Leben von selbst
erschließt. Dann aber sehen Sie ab Seite 6 unten die „Nudeln"
entweder hohl oder ausgefüllt. Das bedeutet nun schon den Anfang der Niederschrift von lang und kurz und soll natürlich
heißen, daß die vollen Notenköpfe ein Weitergehen bedeuten,
die hohlen ein Verweilen auf dem Wege. Diese für einfache
metrische Gliederungen eigentlich sehr deutliche Niederschrift
reicht bis Seite 10; von S. 11 an wird dann die Dauer der Töne in
der Schreibweise so wiedergegeben, wie es allgemein üblich ist.
Daß die gleiche Entwicklung auch den Taktstrich betrifft, bedarf
wohl keiner weiteren Erklärung. Für uns ist bei „Taktstrich-
Musik", d. h. bei einer Musik, die unter dem Gesetz des Metrums
steht, der Taktstrich nichts anderes als gewissermaßen eine
Hürde, die von einem Absprung zu einem Aufsprung führt. Da
wird also nicht gezählt, wie viele Viertel im Takt sind, sondern
immer nur vor eine markierende Betonung ein Taktstrich gesetzt.
Darf ich Sie in diesem Zusammenhang auf ein paar Besonder-
heiten bei der Notierung von Taktstrichen in der Fibel aufmerksam machen? Auf den ersten Seiten finden Sie statt durchgehen-
der Taktstriche nur kleine Zeichen am oberen Rand: diese sind
zunächst nur für den Lehrer gedacht, damit er weiß, wie die
betreffende Melodie zu singen ist. Das hindert aber nicht, daß
die voreilige produktive Frage eines Kindes ein erstes Eingehen
darauf ergibt. In dem Fall soll man nicht über seine methodi-
schen Füße fallen, sondern ruhig darauf eingehen, ohne nun
gleich den Versuch zu machen, eine solche Episode in ein System
zu zwängen. Auf Seite 12 finden Sie dann zum erstenmal „rich-
tige" Taktstriche. Die Fibel notiert übrigens am Anfang eines
Stückes nicht, ob es sich um Halbe, Viertel oder Achtel handelt,
sondern nur, um welchen Schlag es geht. Wenn also eine 2 vorgeschrieben steht, so kann es sich um zwei Halbe, zwei Viertel
oder sogar um zwei Achtel handeln — worüber die kleine Note
über der Zahl Auskunft gibt. Handelt es sich aber um einen
fließenden Wechsel von Taktarten, so ist (wie bei dem Liedchen
nach Bartók auf Seite 22 oder bei dem Kanon von Felicitas
Kukuck auf Seite 25) überhaupt keine Taktart vorgeschrieben.

Soweit die Niederschrift.

Dann der Inhalt

Dazu möchte ich Ihnen vorerst nur das Folgende sagen: Sie finden neben alten Weisen auch sehr viele neue Weisen, die zum größten Teil von Komponisten unserer Zeit für die Musikantenfibel geschrieben wurden. Die meisten verdanken ihre Entstehung dem Zusammensein der Komponisten mit Kindern. Dieses Überwiegen des Neuen soll nun nicht bedeuten, daß nicht genug Altes dagewesen wäre; es entspringt vielmehr dem Wunsch, die Kinder schon hier mit dem Schaffen der Gegenwart und dem neuen musikalischen Gestaltungswillen unserer Zeit vertraut zu machen.

Ein Beispiel dafür: Das Bastlöselied auf Seite 8 bringt in der ersten Zeile den typischen alten Vierton, den wir aus vielen alten Kinderliedern kennen und der zu einer Art Schema geworden ist. Auf Seite 9 aber bildet der Anfang des Liedes „Wenn mein Vater ein Kuckuck wär" von Karl Marx einen ganz wunderbaren „neuen Vierton". Die beiden Quartsprünge LA - MI und SO - RE finden sich in keinem „alten Vierton", wohl aber oft in Musikwerken der Gegenwart. Dieser wirklichen Bereicherung unserer Melodik des Kinderliedes gegenüber befinden wir Erwachsene uns unter Umständen, d. h., wenn wir uns immer nur mit Dur-Musik beschäftigt haben, viel unsicherer als Kinder, die gewöhnlich so unmittelbar darauf einspringen, daß es eine Freude ist. Wenn Sie aber von hier den Blick noch einmal auf das Bastlöseliedchen auf Seite 8 zurückwenden, dann werden Sie merken, daß ich auch bei der Auswahl von alten Kinderliedern bemüht gewesen bin, solche Lieder zu bringen, die dem Neuen im Liede entgegenkommen. Der Quartsprung, in dem dieses Lied endet, ist keinesfalls im alten Liede Schablone gewesen, sondern wirkt auch auf uns „frisch wie am ersten Tag". Ähnliche Beispiele werden Sie eine ganze Reihe finden.

Neben den Kinderliedern steht in der Fibel nun noch eine größere Zahl von Spielstücken, für die das eben Gesagte auch gilt. Daß diese Stücke der Zahl nach hinter den Vokalstücken zurücktreten, besagt nicht, daß sie nur gelegentlich als bereichernde Begleiterscheinung auftauchen sollen. Die Musikantenfibel lädt vielmehr genau so zum Instrumentenspiel wie zum Singen ein. Es geht wirklich nicht länger an, daß unsere Jugend, die vor der Schulzeit überall und auf alle erdenkliche Weise zeigt, wie groß ihr Interesse von vornherein auch am tönenden Gegenstand ist, in der Schule erst anhangweise nach dem Singen und sogar oft gänzlich losgelöst von ihm dazu kommt. Es ist als ein großes Glück anzusehen, daß die Schule allmählich begreift, daß sie hier bisher eine Entwicklung des Kindes unbekümmert unterbrochen hat, weil sie, durch unsere Zeit verführt, als Instrument lediglich das mit diesem Namen bezeichnete Fertigprodukt, nicht aber, wie das kleine Kind, zuerst den „tönenden Gegenstand" ansah.

Auch hier möchte die Musikantenfibel einen Wandel schaffen helfen, indem sie selbst da, wo Worte unter einer Melodie stehen, zum Instrumentenspiel einlädt — wie es die alte Volksmusik auch allemal getan hat, und wie es also auch dem kleinen Kinde gemäß ist. Die Fibel verwendet darum von vornherein den Grundstock des Orffschen Instrumentariums, das uns endlich die Möglichkeit gegeben hat, auch auf diesem Gebiet zu den Quellen zurückzugehen. Wer es erfahren hat, wie Kinder das Glockenspiel entsprechend ihrem Erlernen der Tonstufen erst entstehen lassen, indem sie dabei einen Ton nach dem andern hinzufügen, oder wie Kinder beim Bauen von Bambusflöten mit der Kukkucksflöte beginnen und jede neue Stufe der Tonleiter, die sie sich gehörmäßig im Singen erobern, erst dann hineinbohren, wenn sie lebendigen Umgang mit ihr haben — ich glaube, der läßt davon auch nicht wieder ab*).

Das Dritte, was zum Inhalt der Fibel gesagt werden muß, ist beim Durchblättern bis auf einen ganz kleinen Bruchteil eigentlich nicht zu sehen. Das betrifft die Mehrstimmigkeit. Ich lehne es ab, daß diese erst nach Jahren unvorbereitet eingeführt wird, und dann noch dazu lediglich in dem ganz engen Ausschnitt der Durkadenz. Hätten wir eine bessere Vorstellung von der elementaren Mehrstimmigkeit in der Musik der Völker, als wir sie bis jetzt haben konnten, wir fänden eine große Zahl von Möglichkeiten einfachster Form wieder, die bei uns selbst, bis auf den winzigen Dur-Rest des Hornsatzes, durch die geschichtliche Entwicklung verlorengegangen sind. Auch hier ist es beglük-

---

*) Dabei sei auf die Schriften von Heinrich Sambeth „Kinder bauen Musikinstrumente" und Heinrich Schumann „Das Bauen von Bambusflöten" in meiner BAUSTEIN-Reihe als auf gute Helfer in diesem Sinne hingewiesen.

kend, zu sehen, wie sich im Schaffen der Gegenwart das Frei-
legen völlig unbekannt gewordener Quellen vollzieht. Ich möchte
aber auf diese Frage hier deswegen nicht weiter eingehen, weil
ich hernach in einer ganzen Zahl von Einzelbeispielen darauf
zurückkomme. Erst dann wird Ihnen sichtbar werden, wie viel-
gestaltig auch in dieser Hinsicht unsere Musikerziehung werden
kann und sein müßte.

Schließlich der Weg

Im ganzen gesehen handelt es sich um die Strecke vom „Einton"
bis zum „Siebenton". Ich sage nicht „vom ersten Ton bis zu den
sieben Grundtönen unserer Tonleiter". Ich beschreibe also nicht,
was ich meine, sondern gebe jedem Geschehen einen eigenen
Namen. Wenn Sie auf Seite 6 oben die Überschrift „Der Dreiton" finden, so soll damit mehr zum Ausdruck kommen, als nur
die Tatsache, daß wir es mit drei Tönen zu tun haben. Es soll
vielmehr andeuten, daß es sich um drei ganz bestimmte Töne im
Sinne des Vokabulars einer Tonsprache dieser Entwicklungsstufe
handelt. Für die Kinder ist es ein Stück wirklichen musikalischen
Lebens, wenn sie sich sagen: „Wir singen und musizieren im
Dreiton". Und dieser Dreiton soll nicht eher erweitert werden,
bis er wirklich eine eigene Welt sich bewegender Klänge für die
Kinder geworden ist. Das vorweg*).

Und nun beginnen wir — mit dem „Einton", der als solcher in
der Fibel nicht vorkommt, um Fachleuten keinen Anstoß zu
geben, darüber zu debattieren, ob Musik nicht doch im Grunde
erst bei zwei Tönen beginnt. Es sei jedem überlassen, sich auszu-
denken, was Carl Orff dazu sagen würde, der in seinem Schulwerk die köstlichsten ein- und sogar mehrstimmigen Einton-
Weisen gebracht hat. Doch darüber hernach Weiteres.

Alsdann gehen wir den Weg, den die Kinder auch gehen, wenn
sie im „vorschulpflichtigen" Alter zur gleichen Zeit anfangen zu
singen, wo sie auch anfangen zu sprechen. Wir beginnen nämlich — wie bereits festgestellt — mit der immer wieder von Kin-

---

*) Die Fibel gliedert sich in vier Abschnitte. Jeder Abschnitt beginnt
mit einer durch zwei rote Felder kenntlich gemachten Titelseite
(S. 13, 11, 19 und 27), die ein für den Abschnitt besonders kennzeich-
nendes Lied enthält. Diese Lieder sind während der Erarbeitung
der Abschnitte erst dann zu singen, wenn alle Voraussetzungen
dafür gegeben sind.

14

dern angenommenen kleinen Terz, dem Kuckucksruf, den wir SO - MI nennen, und dem wir sogleich auch die beiden Handzeichen, die zu diesen Stufen gehören, mit auf den Weg geben. Wir schließen uns da überhaupt dem besten Lehrmeister an: nämlich dem Kinde selbst.

Doch hier muß ich etwas einschalten: Ich erinnere die älteren Kollegen unter uns daran, wie wir vor etwa 30 Jahren unser Notensingen mit dem Grunddreiklang begannen, und wie wir uns von Anfang an auf den Grundton stützten. Das tun wir heute nicht mehr, nachdem sich die Musik der Gegenwart aus der nachgerade immer größer gewordenen Enge des Dur-Raumes auf Grund der Rückkehr zur Pentatonik und zu den Kirchentonarten zu neuen melodischen Bewegungen hindurchgerungen hat. So gehen auch wir wie gesagt von der 5. und 3. Stufe aus, lassen dann die 6. Stufe (das LA) und die 2. (das RE) folgen und fügen zunächst nur noch die 1. Stufe (das DO) hinzu. Erst wenn wir von diesem „Fünfton", in dem wir uns ausführlich und nach den verschiedensten Richtungen hin ergehen, zum Sechston weiterschreiten, fügen wir die 4. Stufe (das FA) ein und lassen die 7. (das TI) als die letzte, und zwar, der ganzen Entwicklungstendenz zufolge, zuerst unter dem Grundton erscheinen und erst dann über der 6. Stufe zur 8. hin. Das ist ein Weg, den die Musikantenfibel, wie ich hoffe, in lückenloser Folge durchschreitet: beim ersten Teil bis zum Fünfton alle Möglichkeiten der Orientierungsbewegung von Ton zu Ton ausschöpfend, beim zweiten Teil zu den verschiedenen kirchentonartlichen Bewegungen führend.

Nachdem wir im ersten Teil melodisch, rhythmisch und zusammenklanglich den ganzen musikalischen Reichtum bis zum Fünfton erlebt haben, bei dem alles noch in der Schwebe ist, wo jeder Ton der Bewegung die Orientierung geben kann, wo alles, was horizontal melodisch zusammenklingt, auch vertikal harmonisch zusammenklingen kann, gelangen wir an diejenige Stelle, wo der Grundton *wird*. Das ist für uns eine entscheidend neue Erfahrung, daß der Grundton nicht immer da ist, sondern, daß er in unserm Musizieren erst wird, ja, daß er im Fünfton zwar schon da, aber noch nicht Grundton ist (wie etwa bei dem alten Laternenlied auf Seite 10), daß er erst im Laufe des Musizierens im Fünfton hier und da zu seinem eigentlichen Wesen kommt, wie etwa in Jens Rohwers Scherzlied „Wo ist's daheim" auf Seite 17 und auf Seite 18.

Durch diese Erfahrung vom Werden des Grundtons haben wir unsere Erlebniszone in ungeahnter Weise erweitert und wiederum eine wesentliche Voraussetzung zum Hineinleben in die Musik der Gegenwart geschaffen.

Eine weitere Erfahrung ist aber nicht minder wichtig und schließt eigentlich erst den Ring: daß der Grundton, nachdem er eine Zeitlang mehr oder weniger (je nachdem es die melodischen Linien eines Sing- oder Spielstücks zulassen) maßgebend war, nun wieder nachlassen kann, wie es auf Seite 32 der Fall ist, wo kirchentonartliches Wesen die Sing- und Spielweisen so sehr zu erfüllen beginnt, daß uns wiederum ein ganz neuer und weit über den Rahmen der reinen Durweise hinausragender Reichtum der Linien begegnet, der uns die Tür zu Bartók, Hindemith, Marx, Distler und anderen Komponisten unserer Zeit nun ganz öffnet.

Habe ich Ihnen so den Weg der Musikantenfibel im ganzen geschildert, so bleibt mir nun noch übrig, Ihnen das Wichtigste über die Grundsätze unseres Vorgehens bei jedem einzelnen Schritt zu erläutern:

1. Zuerst wird musiziert. Dann erst wird nach Noten gelesen oder in Noten niedergeschrieben und analysiert. Das musikalische Erlebnis muß jeder Erklärung vorausgehen. Wenn wir es dann aber niederschreiben, und zwar aus dem Gedächtnis niederschreiben — in der entwickelnden Art, wie ich sie bereits geschildert habe —, so ist die Niederschrift nichts anderes als eine Tagebuchnotiz, durch die wir nach Noten singen lernen.

2. An die Stelle immer wiederkehrender Korrekturen durch den Lehrer treten immer neue Niederschriften, wodurch sich die Fehler nach dem Grade des geistigen Vermögens bei dem gemeinsamen Tun der Kinder unter eigener ständiger Kontrolle immer mehr verringern.

3. Nach und nach gehen wir dann — zuerst ganz gelegentlich und sehr vorsichtig — dazu über, den umgekehrten Weg einzuschlagen und Gelesenes in lebendige Musik zu verwandeln. Führt dabei aber der Weg von der Note zur Musik nur zu Halbheiten und nicht zu blutvollem musikalischem Leben, so ist das genau so wertlos und verwerflich, wie wenn der Weg vom lebendigen

Musizieren zum Notenbild führt und so erstarrt, daß der Rückweg zum wirklichen Leben nicht mehr zu finden ist.

4. Beim Musizieren werden sich immer wieder Gesang und Instrumentenspiel, Aufzug, Reigen und Tanz miteinander verbinden oder einander ergänzen oder ablösen. Genauso werden Einzelgesang und Chorgesang, Einzelspiel und Zusammenspiel, Vortanz und gemeinsamer Tanz zueinander finden oder einander ergänzen oder ablösen. Der Gestaltungsphantasie und dem Gestaltungswillen wird damit ein so großes Feld der Möglichkeiten zugewiesen, daß eine Fülle der Gestalten beglückend erlebt wird.

5. Jedes neue Sing- oder Spielstück, das den Kindern durch den Lehrer geschenkt wird, gibt die Anregung, selbst etwas Ähnliches musikalisch zu gestalten, zum mindesten sich selbst in ähnlicher Weise in Tönen zu bewegen. Dieses Spiel mit Tönen und Tonfolgen (das man später mit dem fremden Namen „Improvisation" benannt hat, weil es auf dem verkehrten Weg schließlich zu einer fremden Sprache geworden ist) ist das große Feld der freien Betätigung der Kinder und die eigentliche Gewähr dafür, daß das, was übernommen und in seiner musikalischen Sprache wiedergegeben wurde, auch wirklich „in Fleisch und Blut" übergegangen ist.

6. Bei allem aber wird die Musikstunde in der Schule und im Hause zu dem, was man heute in der Schulreform „Gesamtunterricht" nennt. Das heißt, die Unterteilung des Inhalts Musik, daß die Singübung etwas anderes ist als die Gehörübung, und diese wieder etwas anderes als Gedächtnisübung und Improvisation — diese Unterteilung hebt sich bei uns auf. Beim Spielen mit Tönen wird die Hörübung zur Singübung; diese wiederum wird zu Atem- und Stimmübung; diese aber wird eine Melodieübung, und durch die Handzeichen, mit denen die Melodie schweigend vor-„gesungen" wird und mit denen sie wieder verschwindet, wird die Melodieübung zur Gedächtnisübung. Bleibt die Frage: Welches Gebiet des elementaren Musikunterrichts ist denn *nicht* in solchem Tonspiel enthalten?

Befolgen Sie diese Grundsätze, so verspreche ich Ihnen an Hand meiner Musikantenfibel einen so lebendigen Musikunterricht, daß die Kinder ihre helle Freude daran haben — und Sie mit! Und jetzt machen wir uns auf den Weg.

Alles singt!

Wir beginnen nicht mit Melodien. Wir beginnen überhaupt nicht mit dem, was wir im Alltag wie am Sonntag Musik nennen. Wir beginnen damit, daß wir einfach einmal still hinhorchen auf alles tönende Leben in unserem Dasein.

Da ist der Baum, durch den der Wind hindurchzieht: laut, leise, brausend, daß man Angst bekommen kann, still säuselnd, daß man sich wie zum Schlafen-sollen eingelullt fühlt.

Da ist der Regen, der rauscht, der auf die Tonne trommelt, der ans Fenster prasselt. Hört nur, wie die Tropfen immer mehr werden, wenn er anfängt, daß man zuerst langsam einen nach dem andern hört, dann mehr und alle schneller aufeinander folgend, bis es noch so weit kommt, daß man gar keinen einzelnen mehr vernimmt, sondern nur das große Rauschen.

Da ist der Schmied, der hämmert. Hört ihr das Geräusch? Könnt ihr es nachahmen? Oder der Tischler, der sägt. Wie geht es nur? Wie, wenn es ein langes Brett ist, und wie, wenn es ein kurzes ist? Und wie tut es, wenn er mit einem Male festsitzt? Und der Schuster? Ach, was der bei der Arbeit für Geräusche und Töne macht! Einmal das Hämmern, bei dem man immer unterscheiden kann, ob auf die Hacke geklopft wird oder auf die Sohle, ob es kleine eiserne Nägel sind oder Holzspeile. Oder wenn das Messer am Lederriemen geschärft wird, und was noch alles ... Und nun gar die Tiere! Könnt ihr Tierstimmen nachmachen? Wenn ihr es nicht könnt, könnt ihr dann wenigstens unterscheiden, was das ist, wenn einer von euch eine Tierstimme täuschend ähnlich nachmacht?

Überall in der Natur und im Dorf ist Musik. Selbst die Stille singt. Und die „ein-tönige" Großstadt mit ihrem schrecklichen Lärm: bietet sie nicht eine Fülle von tönendem Leben, so reich, daß es für den, der einmal stillsteht und zuhört, unerschöpflich ist.

Da ist einmal die Eisenbahn! Wo soll man anfangen und aufhören? Dann das Schiff im Hafen, die Fabrik, die Straße, das

Treppenhaus — alles singt, alles macht Musik. Ob immer gute, das ist eine andere Frage; aber Musik ist es für den, der es bejaht. Und wenn wir die Ohren öffnen, so werden wir reich an Geräuschen und Klängen, die in uns bleiben, daß wir sie auch dann immer noch in uns hören, wenn sie gar nicht mehr da sind. Denken wir nur einmal daran, was alles „bimmelt". Die Straßenbahn, der Radfahrer, die Feuerwehr, die Hausglocke, das Telefon, und wie verschieden ist alles, wie aufreizend, daß man nicht davon loskommt. Und alles können wir nachahmen. Und wenn wir's tun, sehen wir in der Phantasie Bilder, und Geschichten werden daraus, wenn wir nicht nachlassen. Hohe Töne und tiefe Töne, harte Töne und weiche Töne, schnarrend häßliche und gleitend schöne — es ist kein Ende abzusehen in der Vielfalt dieses tönenden Lebens.

Die Eintonweise

Und nun nehmen wir einmal einen einzigen Ton aus diesem Gewimmel von Tönen und Geräuschen heraus und begleiten ihn in seinem Leben, in allem, was er tut und durchmacht. Was für ein Klangleben offenbart sich da!

Sei es die Glocke, die da klingt. Wie aber klingt sie? Gleich haben wir ein Wort dafür, und das Wort ist der klanggewordene Laut dieser Glockenstimme. Bim - bim - bim, tut er. Immer nur bim - bim - bim. Sollte uns das nicht bald langweilig werden? Wir wollen hören.

Horcht erst einmal auf das Glöcklein. Das klingt nicht, das klingelt, nämlich klingling - klingling! — Oder aber die „Großmutter" unter den Glocken, die ganz oben im Kirchturm hängt und die immer nur bum - bum - bum macht, dunkel dröhnend.

Doch wenn die Glocke nicht mehr nur einfach bim - bim macht, sondern unruhig wird und hastig — oder ein andermal müde und schläfrig — oder laut alles übertönen wollend — oder ganz leise wie von ferne —, wie klingt es dann?

Oder wenn das Glöcklein bei seinem Klingling anfängt einzuschlafen — oder aber, wenn es mit einem Male einen Schrecken bekommt und mitten im Klingeln aufhört, ja abbricht, mit einem richtigen Ruck — oder wenn es diesen Ruf zitternd zagend vernehmen läßt, als wäre ihm etwas Böses im Wege, etwas, vor dem es Angst hat —, wie klingt es dann?

Oder wenn die „Großmutter" anfängt, bei ihrem Bum - bum ärgerlich zu werden, daß es kurz und gestoßen klingt, drohend und dabei doch immer noch schwerfällig — oder wenn sie traurig geworden ist und ihre ganze Trauer in ihren schweren Klang hineintun möchte —, wie klingt es dann?

Oder um ein ganz neuzeitliches Klangbild zu nehmen: wenn etwa das Auto, das doch sonst nur immer gleichmäßig und ruhig tut- tut! tut - tut! macht, mit einem Male unruhig wird, weil da einer nicht aus dem Weg geht, so, als wenn er überfahren werden wollte — oder wenn es im Anfangen gleich wieder abbricht, so, als hätte sich die Hupe mit einem Male verschluckt — oder wenn dem Fahrer gar bedenklicherweise das Lied „Muß ich denn zum Städtele hinaus" in den Sinn kommt, und er hupt (ist denn kein Schutzmann da?) diese allen auf der Straße bekannte Weise auf den einen Ton, den seine Hupe nur von sich gibt —, wie klingt es dann?

Habe ich nicht recht? Ist es nicht eine unübersehbare Menge von Bildern? Und ergibt das alles nicht außer einer Fülle von Klängen und Klangfarben auch eine Fülle von kleinen Schrittmelodien? Wer ist, den das nicht ergötzt?

Und sehen wir trotzdem ein bedenkliches Schütteln des Kopfes und hören das vielsagende „So - So -!", dessen Klangwelle ja so grundverschieden sein kann, daß die Variationsreihe gar nicht zu enden brauchte — so greifen wir auch das auf und verwenden es produktiv und geben dem einstweilen noch allein auf der ganzen Welt daherkommenden Ton den Namen „So" (mit hart ausgesprochenem S), wobei wir mit der rechten Hand in die Luft zeigen und so machen:

Und siehe da: nun hören wir gar nicht mehr nach außen auf all das tönende Leben, das wir uns soeben vor Ohren geführt haben, sondern nun hören wir allein in unser Inneres hinein.

Wieso das? Indem wir einen Ton aus der Luft greifen, ihn schwebend (!) summen, ihm den Namen SO einhauchen, damit er nicht ohne Namen durch die Zeit läuft und ihn dann zuerst — *in* uns hören, wenn die Hand eine bestimmte Bewegung macht. Hält er still, klingt er in uns einmal lang aus; wirft sich die Hand dreimal hart hintereinander nach unten, als wollte sie wie ein Hammer klopfen, so klingt er in uns dreimal hart, eben wie ein Hammer; gleitet sie aber ein paarmal ruhig durch die Luft, wie von einer Seite zur andern winkend, so klingt er in uns ein paarmal ruhig und angenehm.

Seltsam ist es doch, dies erste Erlebnis der Musik, daß wir, wenn das Auge eine Bewegung sieht, in uns einen Ton sich genau so bewegen hören. Wie ein Zauber ist es. Aber so genau hören wir es, daß ohne jede weitere Anweisung und Erklärung der Lehrer das Handzeichen auf die verschiedenste Weise ausführen kann, und wir singen, was wir dabei drinnen gehört haben, auf Anruf sofort haargenau in Tönen. „Zuhören", sagte ich eben; aber eigentlich stimmt das ja gar nicht, eigentlich hat ja der kleine Junge recht, der mir früher einmal, als er dieses Erlebnis zum ersten Male hatte, sagte: „Da drinnen singt ja einer!"

Und das alles hat nur eins erreicht, ohne das es nicht möglich gewesen wäre: *Die singende Hand.* Und wollen wir nun alles Schöne, was wir jetzt erfahren haben, aufbewahren, damit wir es nicht wieder vergessen und es uns — wieder mit neuem Klingen — ins Gedächtnis zurückrufen können, d. h. wollen wir es uns aufschreiben, etwa, wie man ein Tagebuch führt, so nehmen wir einen Bogen Papier und ein paar Buntstifte und machen einen Bilderbogen daraus. Und was ist da zu sehen?

In der obersten Reihe ein Schiff, das tutet, eine Lokomotive, die pfeift, eine Glocke, die läutet, ein Bienenkorb, der summt, eine Quelle, die murmelt, ein Baum, der rauscht, ein Vogel, der piept und ein Telefon, das rattert.

Darunter aber stehen seltsame Zeichen, Notenlinien, eine ganze Menge: fünf, immer wieder fünf. Warum? Weil wir es bei denen gesehen haben, die Musik danach machen. Und da steht zum Beispiel unter dem Schiff ein langgezogener Ton, der so aussieht:

Tuuut!

Und bei dem Vogel steht (und zwar höher, da er doch wohl höher piept, als ein Schiff tutet):

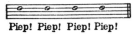

Piep! Piep! Piep! Piep!

Und wir *hören* es geradezu, wie ängstlich das klingt, wie da etwas sein muß, was das Vöglein unruhig macht.

Aber noch mehr: ganze Verse schreiben wir so auf, die wir auf einen Ton gesungen haben. So z. B. bei der Glocke den kleinen feinen Abzählreim

Ocke, Glocke, Silberglocke,

Kling - klang - aus!

Den hat uns die singende Hand sicher so vorgesungen:

O - cke, Glo - cke,   Sil - ber - glo - cke,   Kling, klang - aus!

Und so schreiben wir auch dieses mit den kleinen „Nudeln" in die Linien oder zwischen die Linien und notieren es im Kanon, jawohl: im Kanon! etwa so:

1. Stimme   2. Stimme

O - cke, Glo - cke, Sil - ber - glo - cke, Kling, klang - aus!

O - cke, Glo - cke, Sil - ber - glo - cke.

wobei die 2. Stimme mit einer neuen Klangfarbe etwa von den Händen geklatscht oder von einem Tamburin geklopft wird. Nur: hüten wir uns vor dem Rechenteufel! Sowie das lebendige Musizieren aufhört und ein Buchstabieren und Rechnen daraus zu werden droht, sollte lieber die Schulglocke läuten und die Stunde aufhören! Es kommt ja nicht darauf an, daß nun gleich aufgeschrieben werden muß. Und wenn ganze Wochen lang nur mit Tönen gespielt wird, auch das soll gut sein, wenn es lebendig zur Musik führt. Über allem steht doch das Erlebnis mit seiner Fülle und Tiefe.

Und was gibt es da für schöne Eintonweisen! Von dem einfachsten Zweizeiler:

> Singt und schwingt,
> daß hell erklingt!

über den kleinen Dreier:

> Wie ein Ding nutzt,
> wird es geputzt.
> (Wo setzt da wohl die 2. Stimme ein?)

bis zu dem Vogel, den ich nicht nenne, und der da singt:

> Wide wide witt!
> Komm mit! Komm mit!

der nun schon zwei verschiedene Schritte hat.

Oder gar der rhythmisch so reiche Kinderreim, den Carl Orff in seinem „Schulwerk" bringt*):

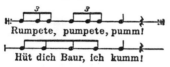

Rumpete, pumpete, pumm!

Hüt dich Baur, ich kumm!

Ich nehm dir Küh und Käl-ber weg, und sag dir nicht war-um!

Und wenn ich zum Schluß das folgende kleine Ratespiel bringe, dann sag' ich gar nichts mehr:

> Birn . . . . . . baum,
> Apfel . . . . . . baum,
> Sauerkirschen . . baum.

Der Zweiton

Aber das alles ist ja nur Musik für Kinder und Kindsköpfe, nicht für Erwachsene und ernst zu nehmende Menschen, die Wichtigeres zu tun haben und sich z. B. wie gesagt lieber darüber streiten, ob das wirklich schon Musik sei, was nur einen Ton hat, ob Musik nicht erst bei zwei Tönen anfängt. Geben wir ihnen

---

*) in dem überhaupt viele schöne Kinderreime als Eintonweisen stehen — wie in meiner Kinderliedersammlung „Ringel, Rangel, Rosen" im Anhang bei den Abzählreimen.

recht: Musik fängt erst bei zwei Tönen an. Deshalb habe ich den „Einton" ja auch nicht mit in meine Musikantenfibel aufgenommen. In der Fibel fange ich erst mit dem „Zweiton", dem Kukkucksruf, der kleinen Terz des Normalkuckucks, an.

Wobei ich nicht unterlassen will zu sagen, daß ich selbst die Eintonweise so ernst nehme, daß ich meine, sie sollte mit immer neuen und immer vielgestaltigeren Rhythmen am Anfang jeder Musikstunde auftauchen. Ich meine sogar, das sei eine unter vielen Möglichkeiten der rhythmischen Erziehung, die nie aufhören sollte, zumal sie so leicht zur Hand ist, und auch Jungen, die nicht wie Mädchen über Grazie verfügen, eine unbändige Freude macht. Doch das nur nebenbei.

Wollen wir den Sprung in den Kuckucksruf hinein tun, so spielen wir erst mal das Spiel, das wir alle kennen:

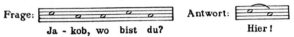

Frage: Antwort:

Ja - kob, wo bist du?   **Hier!**

Jedes Kind ruft ja das andere mit dieser kleinen Terz, ob es nun heißt „Gerda, komm runter!" oder „Anni, komm her!", es ist so einmalig, die kleine Terz, daß wir uns alles mögliche mit dieser „Urmelodie" zurufen können.

Und wenn wir vorher die Seite 4 in der Fibel mit ihren Anregungen durchgesehen und uns ihren Inhalt für die Stunde gemerkt haben, so können wir gleich einmal das immer neue Echospiel spielen:

„Wie heißt der Bürgermeister von Wesel?" — „Esel".

Oder „Was hängt dort an dem Baume?" — „eine Pflaume".

Oder gar: „Was hat der Emil in der Tasche?" — nein, keine Flasche, sondern „Asche".

Wir können auch das Kuckucksspiel spielen, wobei wir einen Kuckuck unter der Bank verstecken, der antwortet, wenn wir gesungen haben:

> „Kuckuck im Heben,
> wie lang soll ich leben?
> drei Jahr und drei Tag,
> der Kuckuck auf der Wacht!"

Und dann fangen alle im Chor an zu zählen „Das war einmal" und zählen so lange, bis er aufhört zu rufen. Dann wissen wir, wie lange wir noch leben, oder wie lange es noch bis zum nächsten

Sonntag ist, oder wann wir wieder am Strand spielen, oder was wir sonst am liebsten wissen wollen.

Und wie ruft die kleine Meise zum Frühjahr? Und wie ruft der Würstchenverkäufer auf dem Bahnhof? Und wie ruft der Zeitungshändler? Und wie — und wie — und wie? Was gibt es da nicht alles zu rufen!

Aber wir wollen doch nicht nur rufen; wir wollen doch auch Signale geben, Rufe ohne Worte, d. h. wir wollen gleich auch

mit Instrumenten beginnen!

Was können wir da nehmen? Suchen wir das Komplizierte, dann gehen wir ans Klavier und tasten die Töne ab, bis wir zwei haben, die genau so klingen. Suchen wir das Einfache, so nehmen wir z. B. unser Glockenspiel zur Hand, wie es auf Seite 5 der Fibel abgebildet ist. Es hat zuerst gar keine Töne, ist zuerst nur ein Holzrahmen mit Nägeln. Und nun legen wir die beiden ersten Töne drauf. (Merken wir allmählich, wie es nötig wird, auch dem zweiten Ton einen Namen zu geben? Aber das sparen wir uns noch eine Weile auf; das wird ein besonderer Akt.) Und nun hat es des Musizierens kein Ende.

Lauter kleine Signale entstehen. Der Lehrer macht es vor und handelt mutig und unentwegt nach dem bekannten Grundsatz (frei nach Robert Schumann):

Phantasie, die schäumend wilde,
ist — des Pädagogen Pferd.

Erst taucht ein ganz einfaches auf, das in irgendeiner Höhenlage vielleicht so klingt:

— dann eins, das trippelt, d. h. mit ein paar Achteln —
dann eins, das ganz ruhig macht, weil es ein Abendsignal ist —
dann eins, das lustig im Dreischlag tanzt, etwa so:

So kommen nun auch die Kinder dran. Immer wieder setzt sie der Lehrer auf neue Spuren. Das muß sein, denn viele Kinder können sich nicht allein auf eine Spur setzen; wohl aber können

sie sich, auf eine Spur gesetzt, weiterbewegen. Ein Signal, mit dem die Stunde anfangen soll — eins, mit dem sie schließt, wobei ja sichtbar wird, ob die Stunde lebendig war, daß es traurig klingt „Muß es denn sein?", oder ob sie langweilig war, daß alle froh sind, und es klingt wie „Weg damit! Weg damit!" (Nicht wahr, wir verstehen uns doch recht: fallen dem Kinde keine Rhythmen ein, locken wir sie mit einem kleinen Sprachrhythmus.) Noch eins: wollen wir jetzt mit Instrumenten noch etwas basteln, dann nehmen wir z. B. zwei Gläser, wie sie auch auf Seite 5 zu sehen sind, und füllen sie vorsichtig mit Wasser — wir sagen: „wir stimmen sie ab" —, bis sie wie der Kuckucksruf klingen. Oder wir bringen zwei leere Flaschen mit, hängen sie zwischen zwei Stühlen auf und füllen sie mit Wasser, bis wir sie abgestimmt haben — oder was Heinrich Sambeth sonst noch in seinem kleinen Büchlein „Kinder bauen Musik-Instrumente" vorschlägt.

Von nun an singen wir nicht nur, sondern fügen auch unsere „Instrumente" hinzu. Aber wir lassen die Instrumente natürlich nicht immer das gleiche musizieren, was wir auch singen, sondern wir verwenden sie so, daß etwas entsteht, was wir in der Musik Mehrstimmigkeit nennen. Aber wir beginnen nicht „nach Vorschrift", sondern aus eigenem Probieren heraus und fangen mit dem Allerwinzigsten an: mit einem einzigen klingenden Schlag an der einmalig richtigen Stelle.

Zum Beispiel: das Echospiel von vorhin. Da können wir der Frage einen langgezogenen Kuckucksruf auf dem Glockenspiel oder dem Gläserspiel voraufschicken. Und wenn dann, etwa auf die erste Silbe von „Wesel", das SO gesungen wird, dann schlägt das Glockenspiel lang hinhallend noch einmal denselben Ton. Oder so ähnlich.

Doch nun wollen wir das Spiel eine Weile unterbrechen und wollen

zur Namensfeier

schreiten. Hat der erste Ton, das SO, seinen Namen und dazu sein „Winkzeichen" bekommen, so soll es der zweite Ton nun auch erhalten. Also wird der Lehrer nach einem kleinen und fast festlich klingenden Signal auf dem Glockenspiel (das natürlich erst ein paarmal geübt werden muß, ehe es wirklich „sitzt") einen ganz langen Kuckucksruf singen lassen und wird dazu feierlich mit der rechten Hand die beiden Töne schwingen, den ersten wie bekannt, und den zweiten so:

Und jetzt entsteht ein erstes kleines Rondo, die Urform dessen, was Mozart in einer so unausschöpfbaren Fülle gestaltet hat. Das Hauptthema ist immer der Kuckucksruf, langgezogen von der Klasse gesungen, und die immer dazwischen auftauchenden Nebenthemen sind die mit Handzeichen auf SO und MI gesungenen melodischen Fragen des Lehrers, das erste Mal wie suchend mit Hand und Mund, das zweite Mal energisch, das dritte Mal wie ein Schelm kurz und spitz, das vierte Mal wie ein verklingender Nachtwächterruf.

So sind Name und Handzeichen da, und mit ihnen ist gleich dazu erlebt worden, wie vielfältig der Mund klingen und die Hand sich bewegen kann, und was alles darin liegen kann, so daß es lockt, dies Spiel gleich einmal zu probieren, und zwar nun so zu probieren, daß der Lehrer den Ruf nur mit den Handzeichen „singt", und die Kinder übersetzen die gesehene Linienbewegung in ihrer Lebendigkeit und Ausdruckskraft in die gesungene Tonbewegung.

Bitte: wer das alles hier schon am Anfang mit den Kindern zusammen erfährt, der hat einen Schatz für alle Musik und weit über diese hinaus gewonnen. Ist doch aus dem Bewegungskern eine Spannung gleichzeitig in die gesehene Linie und in den gehörten Ton geflossen, und ist doch das kleine musikalische Erlebnis, das dabei herauskam, aus einer Tonbewegungsvorstellung hervorgegangen, wie sie Anfang und Ende unseres Weges in die Musik führt.

Ich könnte nun noch vieles erzählen über die beiden Seiten 4 und 5 in der Fibel, die die Überschrift „Der Zweiton" tragen; aber ich will mich hier kurz fassen, zumal ich auf verschiedene noch offen bleibende Fragen später zurückkomme.

Ich will zuerst darauf hinweisen, daß die kleine Terz SO - MI ja zwei Bewegungstendenzen hat, eine nach unten, was die erste und im Leierton der Kinder bekannte und gebräuchliche ist, und eine nach oben, die im Grunde neueren Datums ist. Die erste Tendenz hat im kleinen Meisenruf Gestalt angenommen, wie sie in immer neuen Rufen der Kinder selbst immer neue Gestalt annimmt, die zweite in dem kleinen Bahnhofsruf. Beides sollten wir mit den Kindern in unsern Tonspielen bewußt pflegen und sollten uns einmal das MI als Zielton geradezu *vornehmen* (wie überhaupt — ich müßte das bei jedem Kapitel wiederholen können — die Vornahme die beste Hilfe ist, um der gestaltenden Phantasie auf die Beine zu helfen) und sollten unseren melodischen Sinn ein anderes Mal auch wieder auf das SO richten. Dabei wird die Melodie in ihren Linien auf und ab überhaupt erst erlebbar, so z. B., wenn im Frage-und-Antwort-Spiel auf Seite 4 unten Klaus in der alten Leierform ruft: „Such mich doch!", während Heinerle ihm mit der Gegenbetonung in der Linie antwortet: „Such *mich* doch!" Dabei werden manche Kollegen die Erfahrung machen, daß die Kinder aus alter Gewohnheit auf der 3. Silbe des letzten Wortes „Kellerloch" an Stelle des SO unbekümmert das MI singen. Diese zum Schema gewordene alte Leiertonweise wird erst allmählich durch das Hinwenden zum schwebenden Schluß bereichert.

Alsdann wende ich mich noch kurz dem Spiel von der Brunnenfrau auf Seite 5 zu, das im Zweischlag oder im Dreischlag gesungen werden kann, wobei aber der Zweischlag die ursprüngliche Form ist. Natürlich spielen wir es zuerst: Ein Kind sitzt in der Mitte eines geschlossenen Kreises von Kindern in der Hucke. Der Kreis geht singend herum, wobei die Kinder abwechselnd der Brunnenfrau so nahe kommen, daß sie sie fast greifen kann. Glückt es ihr dann wirklich, so stieben die Kinder mit Geschrei auseinander, bis das gegriffene Kind sich in die Hucke gesetzt hat und wieder auf den sich neu schließenden Kreis wartet.

Nun ist aber in der Fibel die Anregung gegeben, dieses kleine Lied *im Kanon* zu singen, nämlich so:

Das soll abermals eine kleine Anregung sein, gleich im Anfang den Grund für das mehrstimmige Singen und Musizieren zu legen. Es glückt uns eigentlich bei jeder Zweitonweise. Wir müssen nur den richtigen Einsatz der weiteren Stimme finden. Aber schon das ist ein feines Ratespiel, wo wir probieren und hinhören lernen müssen. Und wollen wir noch einen Schritt weitergehen, so machen wir aus einem solchen Liede einen „Kanon in der Vergrößerung", d. h. einen Kanon, wo beide Stimmen meist gleichzeitig anfangen; aber die eine geht im halben Tempo der andern, bei der Brunnenfrau also so:

— was nicht nur ein lustiges Spiel, sondern eine sehr lehrreiche Musikübung ist.

Bunt wird jedes Kanonsingen aber erst, wenn die einzelnen Stimmen sich in der Klangform unterscheiden. Ich habe in der Fibel bei der Brunnenfrau angeregt, die 1. Stimme im Volltakt mitklatschen und die 2. mitstampfen zu lassen (was aber beides ein für allemal gut geübt sein will, nämlich das Klatschen mit der Fingerfläche der rechten Hand oder mit der rechten Faust in den Handteller der linken Hand, und das Stampfen im Sitzen aus der gehobenen Hacke heraus, wobei die Zehen auf dem Boden bleiben, oder umgekehrt). Einen anderen Wechsel der Klangfarben ergibt es, wenn wir vokal und instrumental zusammenkoppeln, also die eine Stimme singen und die andere etwa auf dem Glockenspiel schlagen lassen. Frage: welche von beiden Stimmen fängt dann an?

Schließlich wende ich mich dem Stücklein auf Seite 5 zu, das

das erste Zusammenspiel

in einer wirklich dreiteilig durchgebauten Spielmusik ergibt, ein Duett zwischen dem „Gläserspiel" (zwei auf SO und MI abgestimmten Gläsern) und unserem Zweitonglockenspiel. Wer als Lehrer diese erste kleine Partitur durchstudiert, stellt zunächst einmal fest, daß der Hauptteil (die erste Notenzeile) aus lauter

Vierschlägen mit einem eingeschobenen Sechsschlag (dem 3. Takt) besteht, und daß der Nebenteil, der hier die Stelle eines kleinen Trios vertritt, zweimal im Dreischlag gespielt werden soll. Mit anderen Worten: hier taucht gar ein ganz winzig kleiner Takt-wechsel auf, einmal von Teil zu Teil, dann im Hauptteil an der einen Stelle, wo die sechs Schläge, wie jeder beim Spielen sofort spürt, eine ganz bestimmte innendynamische Spannung auf den letzten Takt zu bringen.

Natürlich lassen wir das Ganze nicht „nach Noten" spielen — wie wir ja überhaupt die Frage des ersten Notenschreibens und Notenlesens im Zweiton noch nicht berührt haben. Wir werden uns also selbst so lange einspielen, bis wir es den Kindern leben-dig vorspielen können. Und dann wird es eins derjenigen Kinder übernehmen, die sich sehr bald als die besonderen Schlagzeuger entpuppen. Wer das ist, das wird sich am Vierer im Hauptteil und Dreier im Mittelteil zeigen, ganz besonders an der Stelle, wo nach dem Mittelteil mit ganz neuer Frische der Vierer wieder ansetzt.

Zu allem aber wird dann ein anderes Kind beim Hauptteil un-entwegt und immer gleichmäßig auf dem Glockenspiel den Kuckucksruf schlagen. Und siehe da, das Duett ist fertig und wird wiederholt und wiederholt.

Um aber nicht selbst untätig dabeizusitzen, bauen wir einen „verbindenden Text", den ein „Ansager" unter uns im Zweiton anruft und den wir dann sogleich im Chor wiederholen, also etwa so beginnend:

Es wa - ren ein - mal zwei Glä - ser, die hie - ßen SO und MI ...

die fingen miteinander an zu musizieren und sangen so (auch natürlich im Zweiton gesungen!): ... nun folgt die Gläserweise im Kuckucksruf. Alsbald singt der Rufer: Und dann war da ein Glockenspiel, das wußte ein lustiges Tänzlein. Der Chor wiederholt, und der Glockenspieler spielt seine Weise. Und so geht die Geschichte mit immer neuer Ansage weiter und zu Ende. Wie? Im „Hin und Her" natürlich. Das heißt, erst folgt jetzt das Duett; dann geht das Glockenspiel allein heim; dann das Gläserspiel, und zuletzt sind wir nur noch allein da: „Kuckuck!"

Und was ist das Ganze so geworden? Ein richtiges Musikspiel mit Vorsänger, Chor, 2 Gläsern und einem Glockenspiel, dazu mit einem Schlußchor — mit den Instrumenten zusammen, damit unser Werk auch einen feierlichen Abschluß hat.

Aber ist diese „Musikgeschichte" nicht so schön, daß wir sie aufbewahren sollten, und wenn nicht ganz, so doch wenigstens in Noten-Stichworten? Dazu aber müssen wir noch über eine letzte Frage einiges miteinander austauschen:

über die erste Niederschrift.

Wer die beiden ersten Seiten der Fibel, die Seiten 4 und 5, betrachtet (von der Kapitelseite, der Seite 3 und ihrem Lied spreche ich später), der merkt, daß alles in „Nudeln" und ohne Schlüssel und ohne Taktstriche aufgeschrieben worden ist. Ich sagte bereits in der Einleitung, was es damit auf sich hat. Man merkt ferner, daß auf Seite 4 SO und MI immer am gleichen Platz stehen, nämlich in den beiden mittleren Zwischenräumen. Das soll erst einmal den ruhigen Anfang sichern helfen. Auf Seite 5 aber sehen wir dann die beiden jedesmal an einem andern Platz stehen. Damit soll erreicht werden, daß die Kinder sich nicht einen einzelnen Ton merken, sondern von Anfang an die kleine Terz 5 - 3.

Ich weiß, hernach wissen wir alles besser. So ist mir wiederholt eingewendet worden, das Bild stelle doch eine große Terz dar. Jawohl, lieber Kollege, Sie haben recht, aber ich habe auch recht. Und im übrigen steht doch noch kein Schlüssel am Anfang der Zeile, und für uns gibt es doch noch gar keine andere Terz als die kleine. Sie allein ist doch unser bisheriges Vokabular, ist doch einstweilen unsere Tonsprache, in der wir im Fibel-Unterricht „nach Noten" singen und musizieren lernen wollen.

Und so schreiben wir nun hin, was wir erlebten, ganz oder nur in Stichworten und — wenn ich so sagen darf — Stichnoten. *Wie* wir das ausführen, das mag eine fröhliche Debatte in der Gruppe ergeben. Kinder kommen da immer auf die gleichen Vorschläge. Einmal schreiben sie die Textreihen hinauf und hinab. Dann malen sie über den Text eine Kurve, die das Auf und Nieder der Melodie angibt und schreiben auch Linien, eine oder mehrere. Und schließlich sind auch Kinder darunter, die gleich fünf Notenlinien ziehen und versuchen, es darin niederzuschreiben. Bestimmt aber kommt keins der Kinder darauf, gleich die Notenwerte mitzunotieren. Und wenn sie es doch tun, weil sie vielleicht schon ein Instrument spielen und wissen, wie es gemacht wird, dann tun sie es auch erst hinterher.

Da muß nun jeder Lehrer sehen, wie er vorgeht. Ob er eine Weile bei den Kurven stehenbleibt, um überhaupt erst einmal das Auf und Nieder als solches zu verdeutlichen, ob er mit einer Linie beginnt und zu zwei, drei, vier Linien weitergeht, oder ob er gleich mit allen fünf Linien anfängt. Die Hauptsache ist, daß den Kindern, wenn wir bei den fünf Linien landen, klar geworden ist, daß es sich dabei um einen Ausschnitt aus unzählbar vielen Linien von der allerhöchsten bis zur allertiefsten handelt. Und dann sind wir so weit wie die Musikantenfibel am Anfang, daß wir unser erstes Noten-Tagebuch mit unsern musikalischen Erlebnissen beginnen. Und wenn wir nun ein letztes Mal die Seiten 4 und 5 anschauen, so sehen wir, wie wir's machen können. Einen Schlüssel brauchen wir noch nicht. Es gibt ja noch keine andern Bewegungen als nur die eine, den Kuckucksruf, das SO - MI. Und Taktstriche gibt es beim Niederschreiben einstweilen ebensowenig, wie es Notenwerte gibt. Die kleinen Andeutungen von Taktstrichen sind nur für den Lehrer bestimmt, damit er weiß, wie manche Niederschrift gemeint ist. Aber den senkrechten Strich am Anfang der Zeilen, den gibt es wie den doppelten Schlußstrich, den wir ebenfalls den Liederbüchern, in die wir schnell einmal hineinschauen, abgesehen haben. Und wenn es sich um Eintonweisen von Einton-Instrumenten handelt, dann genügt uns eine einzige Linie wie bei den Beispielen auf Seite 5. Und bei einer Pause schreiben wir eben nichts hin, wie z. B. bei dem Frage- und Antwortspiel auf Seite 4. Wie lange wir einen Schlußton in der Mitte oder am Ende auszuhalten haben, das fühlen wir ja aus dem Wortsinn.

Nun aber wollen wir eine kleine Probe mit solch einer Notation machen. Wir wählen dazu

die kleine Waldgeschichte.

Das ist eine ganz belanglose Geschichte gewesen, die in einer lustigen Singstunde kurz vor Schluß entstand. Ich hatte das Thema gestellt und hatte selbst mit dem Phantasieren begonnen, worauf sich das Folgende entwickelte, das ich hier erst einmal aus meiner eigenen Tagebuchniederschrift wiedergebe:

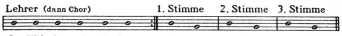

Lehrer (dann Chor)   1. Stimme   2. Stimme   3. Stimme

Im Wal-de steht ein Baum   sieh da!   sieh da!   sieh da!

Eine Stimme, mehrere Stimmen und dann alle Stimmen:

Huscht da nicht ein Eich-hörn-chen?

Eine leise Stimme: Lehrer:

Mit ei-ner Nuß.   Pause, in der die   Schluß!
                   Schulglocke läutet

Frage: Wie ist das gemeint? Wer dabei war, hat es so erlebt:
Ich hatte mit einem schwebenden Ton begonnen: „Im Walde
steht ein Baum —", nicht ahnend, was wohl dabei herauskom-
men sollte, aber bereit, alles nur irgend Brauchbare an kleinen
Einfällen in Tonspielen aufzufangen, zu bewahren und einzu-
bauen. Ich ließ den Chor wiederholen. Nochmal beides. Bis
Vorsänger und Chor wirklich korrespondierten.
Dann entstand eine Pause, eine horchende Pause, bis eine kecke
Stimme vorn rechts in der Klasse (von einer kleinen Schelmin)
sang: „Sieh da!" Auf meine Frage „Wie bitte?" und meinen
Fingerzeig wiederholte sich dieser Ruf von hinten links und noch
einmal von hinten rechts. Diese drei Rufe ließ ich so singen,
daß ebenfalls eine Folge daraus wurde.
Nun hieß es erstmal: das Ganze bis dahin zusammenfassen. Wir
wiederholten es also in einer richtigen kleinen Chorübung von
Anfang an, wobei sich herausstellte, daß die Pause nach der
Chorwiederholung eine ganz bestimmte Länge haben mußte,
damit lebendig eins auf das andere folgen konnte.
Wie das geschafft war, entstand wieder eine Horchpause. Bis
eine Jungenstimme — fast wie aus Versehen und mit einem
Klang, als wollte sie sich wegen ihres Mutes entschuldigen —
sich meldete und im Singen meinte: „Huscht da nicht ein Eich-
hörnchen?" Da aber drängte mich eine Lust, das zu dramati-
sieren. Ich ließ es erst von einigen wiederholen, dann von der
ganzen Klasse, dann nochmal beides, und übte ein wenig daran,
bis es ebenfalls „saß" und in seinem Crescendo zwar scherzend,
aber doch fast drohend aufklang.

Im gemeinsamen Schaffen war es bald mit den beiden voraufgegangenen Szenen gekoppelt und zu einer kleinen Einheit zusammengewachsen. Kaum aber hatten wir die dreifache Frage geendet, klang von hinten eine kleine feine Stimme: „mit einer Nuß". Und diese Stimme löste sich so innerlich musikalisch vom voraufgegangenen Chor ab, daß wir alle unsere helle Freude daran hatten. „Nochmal das Ganze!" Ja, wir sangen nun das Ganze, nachdem wir vorher noch einmal miteinander überlegt hatten, wie eins auf das andere folgen sollte.

Fast wie in den Schlußton hinein — läutet dann die Schlußglocke. Die Stunde war aus. Ich ließ die nicht zu Ende gekommene Geschichte darauf noch einmal singen und fügte nach dem kleinen „Nuß-Solo", auf das ich mit erhobenen Händen und mit einem Schelmengesicht eine kurze Pause folgen ließ, fast tonlos und ohne Tonraum nur das eine Wort an „Schluß!" Ist es zu verstehen, daß sich das Verlangen zeigte, diese kleine „Vokal-Kantate" mit Vorsängern, kleinem Chor und ganzem Chor aufzubewahren und sie in der nächsten Stunde noch einmal zu wiederholen?

Der Dreiton

Was sagte ich in der Einleitung? Erst das musikalische Erlebnis, dann die Niederschrift dieses Erlebnisses. So gehen wir jetzt zum Dreiton weiter, den wir ja alle wie jedes Kind aus vielen Kinderliedern im Ohr haben. „Ringel, Rangel, Rosen", „Backe, backe Kuchen", „Dreimal um den Kessel", Ting, tang, Töchterlein" und ähnliche Spiele sind uns vertraut, und wir singen und tanzen sie womöglich im Reigen.

Heute singen und spielen wir nun das altbekannte Eisenbahnspiel auf Seite 6. Und gleich anschließend das Osterspiel von Wilhelm Keller. Bei dem ersten kennen wir die Spielweise, wie die Kinder im Kreis singend herumgehen, während eins draußen in entgegengesetzter Richtung herumgeht und auf das Wort „du" einem anderen Kinde auf den Rücken schlägt, das ihm dann folgen muß, die Hände auf seine Schultern gelegt. Beim zweiten Spiel aber gibt es noch keine Spielweise. Wir müssen also mit den Kindern selbst eine finden. Wenn wir im Ringelreihen „zu Hause" sind, wird uns das auch nicht schwerfallen. Wissen wir doch, daß es dabei auf die Bewegung im Kreis oder

in der Reihe ankommt, und nicht auf „Ausdrucksgymnastik".
Die Frage ist nur, wie wir den Vers schließen. Soll der Osterhase
sich etwa in die Mitte setzen? Dann ist es schon wieder so weit.
Also lieber anders. Vielleicht so, daß wir erst im geschlossenen
Kreis herumgehen, dann bei „Bald" stehen bleiben, uns loslassen
und von da an in die Hände klatschen. Vielleicht, daß wir uns
dann bei den Worten „Und legt uns bunte Eier" zu zweien bei
den Händen fassen und herumhüpfen. Vielleicht. Es kann aber
auch anders sein. Nur ist es gewiß gut, daß wir, wenn wir zu
den Kindern gehen, wissen, wie man es spielen k ö n n t e. Freilich
dürfte das nur dann am Platze sein, wenn wir bereit sind, die
brauchbaren Vorschläge der Kinder aufzunehmen und auf unsere
Meinung zu verzichten.

Kommen wir nun hinterher boshafterweise auf den Gedanken,
die Weise auch einmal von unserm Zweiton-Glockenspiel spielen
zu lassen, dann geht es zwar bis zum grünen Gras gut; der
nächste Ton aber ist nicht „drauf". Ja, was ist denn das? Probieren wir es mal mit den Handzeichen und singen „mit Mund
und Hand" bis zum grünen Gras, so geht auch das; aber wieder
sitzen wir bei dem Ton auf „Bald" fest. Dabei steht er noch
an einer so betonten Stelle, daß er wie ein Stein des Anstoßes
wirkt. Es bleibt uns also nichts anderes übrig, als ihn anzuerken-
nen, ihm einen Namen zu geben, ihm ein Handzeichen zu ver-
leihen und die Metallplatte aus unserm Glockenspielkasten herauszuholen, die wie er klingt.

So erscheint uns das LA mit diesem Zeichen

und lädt uns ein, es gleich einmal zu probieren.

Das erste wird sein, daß wir kleine Melodieanfänge von bekannten Kinderliedern dazu wählen, die wir nun auch gleichzeitig
mit Mund und Hand singen — wobei wir sie natürlich immer
auch aufs Glockenspiel übertragen und in „Noten" legen oder
hinschreiben.

Dann lösen wir uns langsam von den Liedanfängen und horchen uns im Singen und Spielen ständig abwandelnd immer mehr in dieses Neue, das da zu uns gekommen ist, hinein. Wir wählen z. B. den Anfang des Liedes „Sonne, Sonne scheine". Da wir von „Ringel, Rangel, Rosen" und „Ist die schwarze Köchin da" herkommen und diese uns noch im Ohr sind, so singen es die Kinder zuerst auf die gleiche Weise, nämlich:

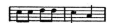

bis wir sie, vorsichtig mit ihnen hinhorchend, auch einmal so singen lassen (wie es nämlich wirklich heißt):

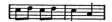

worauf wir kühn auf eine dritte Form überspringen, die sie zwingt, sich nun ganz von der alten Weise zu lösen, nämlich etwa so:

Das aber läßt uns schließlich den letzten Schritt tun und versuchen, ob es nicht auch so gesungen werden kann:

was aber nur möglich ist, wenn das MI vorher im Ohr aufbewahrt wurde, ein Vorgang, der von nun an immer mehr und immer intensiver geschehen muß, wenn aus dem Handzeichen- und Notensingen bei unsern Übungen wirklich Nutzen gezogen werden soll. Dieses „Aufbewahren" von Stufen kann nicht sorgfältig genug erfolgen. Singen wir also mit den Kindern diese dritte Wendung, so tun wir gut, uns vorher noch einmal mit aller nur möglichen inneren und äußeren Ruhe des Kuckucksrufs SO - MI zu vergewissern, daß er uns bei der nächsten melodischen Handlung nicht entschlüpft. Ferner tun wir gut, beim Singen selbst vor dem MI eine kleine Horchpause einzuschalten, so daß wir uns einen der wichtigsten Grundsätze des Notensingens zu eigen machen, nämlich: nichts zu singen, was nicht zuvor in uns geklungen hat.

Haben wir das durch diese und ein paar weitere kleinster Übungen erreicht, so steht nun die Aufgabe vor uns, kleine

Weisen im Dreiton zu singen. Das wird leicht werden, wenn wir Kinderreime zugrunde legen, etwa den Vers:

> Ich wollt' für tausend Taler nicht,
> daß mir der Kopf ab wäre,
> dann lief ich mit dem Rumpf herum
> und wüßt' nicht, wo ich wäre.

Mühelos werden die Kinder — wie wir — einen solchen Vers im Dreiton singen. Tun sie dabei doch nichts anderes, als daß sie den Spannbogen des Gedankens und also der Sprache in den drei Stufen singen.

Alle so entstehenden kleinen Formen werden dem Lehrer aber zeigen, daß es sich dabei um eine ganz bestimmte Grundformel des *alten* Dreitons handelt, d. h. des Dreitons, den wir bis auf sehr wenige Ausnahmen überall und bei vielen Völkern als den typischen Dreiton des alten Kinderliedes wiederfinden. Dabei bildet die kleine Terz von der 5. zur 3. Stufe den Grundstoff und die 6. Stufe die Erweiterung der 5. Stufe. Mit andern Worten: der Sekundschritt SO - LA mit dem Ziel LA tritt fast gar nicht als Eigenleben auf, sondern nur als Welle hin und zurück in Verbindung mit der Terz SO - MI. Genau so wenig, ja eigentlich gar nicht tritt die Quart LA - MI in steigender oder fallender Richtung auf. Das geschieht erst im *neuen* Dreiton, d. h., in dem Dreiton, der einer Zeit (nämlich unserer Gegenwart) entstammt, die drei Jahrhunderte Musikentwicklung zum Dur und durch dieses hindurch in sich trägt, einer Zeit, in der das Intervall als solches sich zum formenden Faktor der Melodiebildung entwickelte.

Bedenken wir dieses und bedenken dazu, daß es sich bei der Pentatonik — zu der unser Dreiton doch ein Wegstück ist — um die freieste Tonbewegung handelt, die es in unserer Musik gibt, nämlich um eine Tonbewegung, in der *jede* Stufe ohne Ausnahme die Orientierung übernehmen und Ziel werden kann, so kommen wir zu ganz neuen Resultaten und damit zu ganz neuen Schritten in der Musikerziehung.

Die drei ersten kleinen Weisen auf Seite 6 spiegeln die Entwicklung vom alten Dreiton zum neuen Dreiton deutlich wider. Das Eisenbahnspiel ist eine typische Dreitonweise alten Stils. Der Ton, um den alles kreist, ist das SO. Unerschöpflich ist die

Zahl solcher Weisen in unsern alten Volkskinderliedern. Der kleine Osterruf aber bringt etwas Neues in diese Bewegung hinein. Bewegt sich der erste Teil bis zum Wiederholungszeichen noch in einem neuen Zweiton, bei dem die Terz mit der Betonung auf dem MI nach oben gerichtet ist, so weitet sich dieser Zweiton zum Dreiton, und zwar ebenfalls zu einem neuen Dreiton, in dem das LA nicht mehr in einer Dehnungswelle des SO erscheint, sondern als selbständige Stufe höchst vordergründlich im Ganzen der Melodie (auf die Silben „bald" und „legt"). Und wenn wir auch hier beim Singen des ganzen Liedes auf die Stufe hinhorchen, von der aus sich die Bewegung orientiert, so ist es — entgegen dem Eisenbahnspiel — die 3. Stufe, das MI. Noch einen Schritt weiter aber geht der kleine Schornsteinfegervers, bei dem die Tonbewegung sich das LA, die 6. Stufe, zur Orientierung und zum Ziel für sich auserkoren hat.

So haben wir hier eine Weise „aus SO", eine „aus MI" und eine „aus LA" vor uns. Das ist eine entscheidende Erkenntnis, die unsern ganzen weiteren Weg bestimmt. Wieso?

Zunächst zeigen die drei Beispiele, wie reich bereits der Dreiton sein kann, wenn wir uns nicht nur auf die Grundformel des alten Dreitons beschränken. Dadurch weisen sie uns den Weg, uns nun selbst so in ihm zu bewegen, daß auch wir alle melodischen Möglichkeiten in ihm ausschöpfen. Wieder komme ich dabei auf meinen Rat zurück, der Phantasie durch Vornahme „auf die Beine" zu helfen.

Nehmen wir uns einmal vor, das SO als die ordnende Stufe zu wählen. Wir umkreisen es von beiden Seiten, einmal von oben

ein andermal von unten

wieder ein andermal gehen wir vom MI aus und üben immer neue kleine Rufe und Signale „aus MI", z. B.

wobei wir sehr wohl erkennen, daß hier Zug um Zug vorgegangen werden muß, wenn dieses kleine Gebilde den Kindern zum

Erlebnis werden soll. Wir lassen also etwa nach Handzeichen zuerst den Zweiton bis zum melodischen „Atem-Komma" singen, um dann das SO - MI gleich noch einmal etwas gewellt nachzuholen.

Schließlich wenden wir uns dem LA zu und richten kleine Tonbewegungen immer wieder zu dieser Stufe hin. Schönstes Anfangsbeispiel ist und bleibt der einmal in einem Lehrerkursus entstandene Schornsteinfegerruf auf Seite 6.

Dabei die Frage: Wieviel Zweitöne sind in diesem Dreiton enthalten? Einmal ist es der bekannte, SO - MI, in dem wir ja bereits kunterbunt musiziert haben. Dann aber sind es zwei neue, nämlich SO - LA und LA - MI. Wenn wir aber im ersten Zweiton so reich musizieren konnten, wie wir uns hier vorgeführt haben, warum sollten wir es nicht auch einmal in den beiden andern neuen Zweitönen tun? Warum sollten wir also nicht in SO - LA singen, uns etwas erzählen und musizieren? Etwa so:

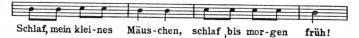

Schlaf, mein klei-nes   Mäus-chen,   schlaf ‚bis mor-gen   früh!

oder in LA - MI, wie es z. B. Walter Rein im „Süpplein kochen" auf Seite 7 tut, wenn er singt „Die Glock schlägt acht", oder wenn Hans Poser im „Regenlied" auf derselben Seite die Worte „Liebe Sonne" singt. Es würde von uns und unseren Kindern ja nur ein ganz kleiner Sprung ins Freie nötig sein, nämlich weiter vom MI zum LA, etwa so:

Lie - be‚ Son - ne,   komm, schein uns wie - der

oder so ähnlich. Jedenfalls erleben wir eine Fülle an melodischem Reichtum im Kleinen, wenn wir uns sorgsam in eine der drei Stufen hineinhören, daß sie eine Weile bei uns bleiben und uns die Möglichkeit geben, kleinste Gebilde aus ihnen heraus zu formen.

Dabei schlage ich vor, die Prägung „aus LA" und „aus MI" so mit den Kindern zu pflegen, daß sie ihnen vertraut wird. Der Gewinn für das melodische Empfinden im ganzen und für das Einleben in kirchentonartliche Melodik im besonderen ist gar nicht hoch genug einzuschätzen.

Aber nun wird es höchste Zeit, daß wir auch die Frage der Niederschrift in ihrer Entwicklung weiter verfolgen, zumal die Kolleginnen und Kollegen ja bereits auf den Seiten 8 und 9 gesehen haben, daß da etwas Neues auftritt.

Das erste ist „der Schlüssel", ein Wort, bei dem mir hier unbehaglich wird, weil es zwar zum Bilde eines Zimmers mit Fußboden (Grundton) und Decke (Oktave), in dem man mit beiden Füßen auf dem Boden steht, paßt, aber nicht in die freie Natur, wo die Töne nicht so sehr schreiten wie schweben. Ich möchte aber dabei bleiben, weil das Wort in unserer Musik im festen Gebrauch ist. Jedenfalls: wo es sich nun schon um mehr als zwei Töne handelt, bei denen noch dazu jeder dem Ganzen Maß und Ziel geben kann, da müssen wir ja wohl an den Anfang jeder Notenzeile ein Zeichen setzen, das für die ganze Reihe sichtbar macht, welche Stufen im Verlauf gemeint sind.

Da aber gab, wie gesagt, ein Kind einmal die Anregung, den Kuckuck selbst vorn hinzumalen und ihn den Schnabel so weit öffnen zu lassen, wie die beiden Stufen SO und MI im Notenlinienbild voneinander entfernt sind. Das sah sehr lustig aus, und so bin ich dabei geblieben. Nüchternere und praktischere kleine Leute haben gleich gemeint, wir sollten doch einfach das SO - MI in zwei Noten übereinander in Klammern der Notenzeile voransetzen. Nun, wir haben beides getan, und ich habe es in der Fibel im Anfang beibehalten. Wer's anders machen will, mache es anders. Davon hängt das Heil unseres Weges nicht ab. Aber zu einem möchte ich doch noch raten: zum Notenlegespiel. Das ist eine vergnügliche Unterhaltung, die am besten wohl an dieser Stelle auftritt. Die Kinder schneiden ein Stück Pappe (Format Din A 4) und malen darauf ein Notenliniensystem, bei dem die Linien in Daumenbreite voneinander entfernt sind. Alsdann schneiden sie kleine längliche Papp-Pfennige, einen Kuckucksschlüssel an einer kleinen Pappleiste und vielleicht zwei Noten mit Klammern, die das SO - MI bedeuten, in einer den Notenlinien entsprechenden Größe. Damit ist das Spielmaterial fertig, und das Spiel kann beginnen. Der Lehrer lädt ein, wohin der Schlüssel getan werden soll, singt oder flötet nun eine kleine Zweiton- oder Dreitonweise (4 bis 6 Töne, mehr nicht), und die Kinder legen hin, was sie gehört haben. Es ist die fröhlichste

Form des ersten Notendiktats auf dem Papier — denn in der Luft mit Handzeichen haben wir die Kinder natürlich schon „Diktat schreiben" lassen.

Das zweite, was bei der Niederschrift der Fibelseiten 6 und 7 auftaucht, sind die „gefüllten Nudeln". Sie bedürfen keiner ausführlichen Erklärung. Wer die Singweisen von Seite 7 mit den Texten singt und sich auf den natürlichen Schritt der Verse verläßt, der findet sofort heraus, daß die Notenköpfe da ausgefüllt sind, wo die Melodie weitergeht, und die hohlen geblieben sind, wo die Melodie einen Augenblick verweilt. Wir befinden uns also bereits auf dem Weg zu Viertelnoten und halben Noten, aber nicht so, daß es zuerst das Auge sieht und dem Kopf die Nachricht gibt, sondern daß auch hier der Bewegungssinn als erster vom Auge her angesprochen wird.

Mit der Einführung dieser Notationsweise sollten wir aber erst dann beginnen, wenn die Kinder singend, spielend und tanzend eine Fülle der verschiedensten Erlebnisse im Dreiton gehabt haben, und wenn wir mit ihnen daraus immer wieder die Schlüsse gezogen haben, selbst Dreitöne — einschließlich der drei neuen Zweitöne darin — in den verschiedensten Rufen und Signalen zu bilden und sie hier und da zu kleinen Geschichten (wie die Waldgeschichte beim Zweiton), zum Wechselspiel von Vorsänger, Chor und Instrumenten, und zu kleinen Aufzugs- und Tanzformen zu gestalten.

Für dieses letzte noch eine kleine Anregung.

Das Schelmenpack

Den kleinen Abzählreim vom Schelmenpack nach der Musik von Heinz Lau auf Seite 6 habe ich einmal einer Zwölfergruppe gegeben, der ich einen Leiter bestimmte. Ich habe sie hinausgeschickt in ein anderes Zimmer und habe ihnen die Aufgabe gestellt, dieses kleine Lied zu gestalten. Es dauerte eine ganze Weile, bis sie wiederkamen. Zwischendurch erscholl des öfteren ein richtiges Indianergeheul der Begeisterung aus dem Nebenraum.

Dann aber kam die Vorführung, und die war so, daß ich hier als von einem wirklich anregenden Beispiel davon berichten möchte. Zuerst kamen zwei Spielleute wieder herein. Der eine setzte sich auf einen Stuhl und nahm das inzwischen bis zum

Dreiton angewachsene Glockenspiel zur Hand, der andere, der sich hinter ihn stellte, hatte eine vor kurzem bis zum Dreiton fertig gewordene Bambusflöte.

Und nun ging's los. Beide spielten so lange die letzte Melodiezeile

zuerst abwechselnd, dann gemeinsam, bis die „Kantorei" im Gänsemarsch durch die Türe hereingekommen war, sich zum geschlossenen Kreis geordnet hatte und sang:

> „Wir sind das Schelmenpack
> und gehn im Kreise auf und ab."

Da hörten die Instrumente auf. Zu Ende dieses Sprüchleins ordnete sich die Schar zu zwei Gruppen, die sich einander gegenüber aufstellten. Der Leiter stand an einem Ende der Gasse zwischen beiden Gruppen.

Und nun ging ein singendes Anschelten auf Gegenseitigkeit im Einton los:

> Schelmenpack — auf und ab,
> ich und du — immerzu,
> Schelmenpack — Lumpensack,

wobei jeweils eine Gruppe mit abweisenden Händen einen Schritt auf die andere zu- und wieder zurückging.

Dann trat eine kleine Pause ein, während der die beiden Instrumente, die inzwischen geschwiegen hatten, abermals begannen und die Weise zu den Worten „Wer ist der Lumpensack?" langsam und bedächtig, sozusagen jeden Ton mit besonderer Betonung, spielten. Das wiederholte mit ihnen zusammen der Chor der beiden Gegengruppen, dabei wie nach allen Seiten Ausschau haltend, worauf er sich mit einem Male zu seinem Leiter wandte, mit den Fingern auf ihn wies und schnell rief:

„Der Lum-pen-sack bist Du!"

Und sieh da, sie machten nicht damit Schluß, sondern der Leiter streckte die Zunge heraus, schloß dann mit ihnen den Kreis, und nun kam der Abtanz, der Kehraus: sie hüpften erst im Kreis herum, noch einmal die gleiche Weise (diesmal aber auf „Tra la la") singend, und dann ging's unter der Führung des Gruppenleiters in einer Kette zur Tür hinaus.

Wie zitierte ich frei?:

> Phantasie, die schäumend wilde,
> ist des Pädagogen Pferd!

Es kommt nur darauf an, daß eine Gruppe zur Selbstentfaltung gebracht wird, indem der Lehrer mitgestaltet und dabei doch der freien Gestaltung helfend und ordnend Wege bereitet.

Zwei kleine Anregungen

Ehe wir aber den Dreiton verlassen, möchte ich noch auf ein paar Möglichkeiten von Seite 7 hinweisen.

Da steht an erster Stelle das kleine Regenlied von Hans Poser, das in der Notation der Fibel mit Absicht ein kleines Rätselspiel für den Lehrer ist. Wer es zuerst probiert, singt es nach dem Voraufgegangenen gewiß erst im Zweischlag und kommt damit nicht zustande. Erst wer es im Dreischlag singt, daß es so beginnt:

Dribb drabb drobb, wenn's reg-net, reg-net's auf 'n Kopp...,

der versteht, was es will, und kann die erste Notenzeile ohne weitere Rätsel-Gefahr zu Ende singen.

Was aber bringt die kleine Zweitonweise auf „regnet's auf Arme und auf Beine"? Einen klaren Zweischlag, nämlich:

reg-net's auf Ar-me und auf Bei-ne

Und nun der Schluß: „Ach, liebe Sonne, scheine"? In ihm tritt ein erster Vierschlag in der Fibel auf.

Mit andern Worten, dieses Lied ist (nach dem instrumentalen Glockenspiel auf Seite 5) die erste polyrhythmische Singweise. Wer sie den Kindern lebendig vorsingt und sie zum Mitsingen einlädt, der findet, wenn er den Taktwechsel wirklich lebendig ausführt, begeisterte Mitsänger, vor allem, wenn er dabei mit den Händen dirigiert. Kaum hat er damit begonnen, so fangen unbedingt einige Kinder mit an zu dirigieren, und das wird, unter ständiger Hilfe des Lehrers lustig fortgesetzt, zu einem fröhlichen Taktschlage-Spiel. Den Dreischlag bekommt die Gruppe heraus, den Zweischlag auch. Wenn aber der Vierschlag zum Schluß nicht gelingen will: was tut ein Lehrer dann? Er macht auch aus diesem Nichtgelingen ein Spiel und verwandelt das Nein in ein Ja. Aber wie? Indem er nach „Beine" mit einem Male die Arme und Hände stillhalten läßt und allein weiter dirigiert. Diese Schwebehaltung der Arme auf die Worte „Ach, liebe Sonne, scheine!" hat dann ihren besonderen Sinn*).

Um das Primäre des Rhythmisch-Metrischen in diesem Liede noch lebendiger werden zu lassen, habe ich in der Fibel vorgeschlagen, die Weise etwa mit Schlaghölzern zu begleiten, deren Schläge immer bei dem Beginn jedes Taktes erscheinen. Der Schluß bringt diese Schläge dann nur einmal bei „Ach" und beim letzten Takt in Vierteln geschlagen, folglich so:

Das „Süpplein kochen" von Walter Rein, von dem wir bisher nur den Quartsprung „Die Glocke schlägt acht" zur Kenntnis genommen haben, wartet auch auf Gestaltung. Das läßt die Glocke erkennen, die dem Liede hinzugefügt wurde, und die richtig gleichmäßig achtmal schlagen soll, wozu also auf das Wort „acht" ein Punkt hinter der Note zu denken ist, der aber noch nicht notiert wurde, weil — es ihn zur Zeit ja noch nicht gibt.

Im übrigen bitte ich, die Kinder auf den Quartklang achten zu lassen, mit dem die Weise zweistimmig abschließt. Wer dann noch Vorsänger und Chor dergestalt auftreten läßt, daß z. B. der erste Teil von einem Kinde allein gesungen wird, die Worte „Die Glocke schlägt acht" von einem andern Kinde und das folgende von dem ganzen Chor leise, der baut es in dem Sinne aus, wie es „Die kleine Waldgeschichte" und „Das Schelmenpack" lehren wollten.

---

*) Im Text des 2. Verses wütete übrigens versteckt der Druckfehlerteufel. Der Vers beginnt nicht mit den Silben „Dribb drabb drobb" wie im 1. Vers, sondern natürlich, dem Reim entsprechend, „Dribb drobb drabb".

Und wieder die Mehrstimmigkeit

ıch lud bereits eingangs dazu ein, gleich mit dem Beginn unseres
Weges auch in die Mehrstimmigkeit einzuführen.

Wenn ich das schon beim Einton tat, so mag das für den, der
nicht weiß, wie es gemeint ist, als ein Tun ohne Sinn erscheinen.
Es liegt aber viel Lehrreiches darin, wenn wir Kinderreime, die
über ein starkes rhythmisches Leben mit viel Abwechslung verfügen (wie vor allem die Abzählreime), im Kanon sprechen oder
auf einen Ton singen lassen. Und wenn wir dem „Rumpete,
pumpete, pum!" aus Carl Orffs Schulwerk nur einen immer
wiederkehrenden Schritt, etwa

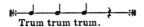

Trum trum trum.

durch einen zweiten Chor gesungen, unterlegen, so erscheint hier
zwar auch keine klangliche Mehrstimmigkeit, wohl aber eine
Mehrstimmigkeit in der Bewegung. Auf diese kam es mir auch
an, als ich einlud, das Kinderspiel von der Brunnenfrau zweistimmig im Kanon zu singen und zu musizieren, ja, möglicherweise sogar die 2. Stimme in der Vergrößerung wiederzugeben.
Klanglich geschah auch da immer das gleiche.

Jetzt aber, wo wir über drei Töne verfügen und von diesen
jeweils zwei miteinander zu einem Klang verschmelzen lassen
können, ergeben sich bereits drei verschiedene Zusammenklänge:
eine große Sekund, eine kleine Terz und eine reine Quart. Lassen
wir sie aber alle drei gleichzeitig erklingen, so ergibt es wiederum
ein ganz neues Klanggebilde, und zwar eins, das in der neuen
Musik oft wiederkehrt, und das dem unbefangenen (nicht in die
Durkadenz als allein seligmachende Zusammenklanglichkeit
eingeschworenen) Ohr angenehm erscheint. Wie ja überhaupt —
ich sagte es schon einmal — auf unserm Wege bis zum Fünfton
alles, was nacheinander zur Linie verschmilzt, auch gleichzeitig
zum Klang verschmelzen kann.

In einem feierlichen kleinen Frühlingschor waren in gemein-
samem Suchen diese drei Schlußklänge entstanden:

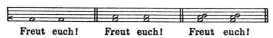

Freut euch!   Freut euch!   Freut euch!

wobei die 6. Stufe von einer einzelnen höheren Sopranstimme gesungen wurde. Und wie die Kinder sich von vornherein an die Terzverschmelzung „gewöhnen" (die ihnen ja von unzähligen Dur-Erlebnissen her vertraut ist), so „gewöhnen" sie sich auch sogleich an die Sekundverschmelzung und an die Quartverschmelzung. Im Grunde hören sie sich viel ungehemmter hinein als die Erwachsenen heute, die sich unter Umständen erst von einem gewissen musikalischen Daseinszustand innerlich frei machen müssen.

Da wir aber hier auch unentwegt nach einer Mehrstimmigkeit in der Bewegung streben, so zeigt sich gerade auf dieser Stufe der Entwicklung, wie eine Verbindung beider Seiten in feiner Weise möglich ist. Das schaut am Anfang etwa so aus, daß ein Ruf im Dreiton durch einen durch ihn hindurchgehenden liegenden Klang ergänzt wird.

Ich wähle ein kleines Beispiel, das einmal in einer Jugendgruppe entstand. Es handelte sich um die Aufgabe, aus dem LA der 6. Stufe einen melodischen Ruf werden zu lassen. Ausgehend von einem zufällig aufgegriffenen Wort „O, wie schade!" entwickelte sich das folgende kleine Gebilde:

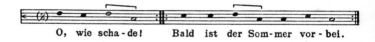

Wir sehen, der Quartsprung abwärts lag dem Ohr zugrunde. Ich nahm den Ruf, ließ eine Stimme den ersten Ruf singen, ließ diesen vorsichtig im Chor der Gruppe widerhallen und ließ die Einzelstimme dann abermals einsetzen, um den zweiten Teil anzuschließen, den der Chor dann ebenfalls aufgriff.

Nun entstand die Frage: Welchen Ton unseres Glockenspiels könnten wir wohl durch das Ganze hindurchklingen lassen, und wie müßte er erklingen? Da wurde das LA vorgeschlagen. Wir fingen an zu probieren. Erst schlug ein Kind wie hintastend unterbrochen die 6. Stufe in Vierteln. Da aber die Weise rhythmisch so im Taktwechsel gesungen worden war:

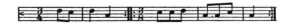

entstand ein anscheinend unorganisches Durcheinander. Dann kam eine zweite Spielerin, die mit einem kleinen Vorspiel auf die drei ersten Töne der Weise begann und den letzten lang ausklingen ließ. Da hinein sang die Einzelstimme den ersten Teil. Das gleiche wiederholten wir sofort in gesteigerter Form mit dem Chor, aber so, daß wir das klingende LA hindurchhören konnten.

Was sollte nun aber beim zweiten Teil geschehen? Wir machten eine Pause zwischen den Teilen, und die Spielerin ließ hier nur ein lang tönendes LA erklingen, das ich dann mit dem letzten Ton zusammen wiederholen ließ. Da zeigte sich: das war möglich und schön.

Stellen wir uns nun das endgültige ganze Gebilde mit Einzelsänger, Chor und Glockenspiel vor, so hören wir eine Mehrstimmigkeit, die das Tonklangliche mit der Tonbewegung verbindet. Es erscheinen Sekund- und Quart-Zusammenklänge, aber keine (gewohnten) Terz-Zusammenklänge, und den Schluß bildet eine Quart, die den schwebenden Charakter des ganzen Gebildes im Ausklingen nur noch steigert. So etwas läßt sich bei manchen kleinen Rufen und Signalen ausführen. Und wenn es sorgfältig und mit vieler Liebe und musikalischem Feingefühl gestaltet wird, so ist es für die Teilnehmenden beglückend.

Wenn wir diese Form der Mehrstimmigkeit nun ganz ins Vokale rücken, dann kommen wir

zum Immerzu

Das ist der Urkeim dessen, was auf dem Wege durch die ganze Musik schließlich auf den höchsten Gipfel zu Bachs Orgel-Passacaglia in c führt.

Wie meine ich das?

Ich wähle als erstes Beispiel das kleine „Schlafliedchen" von Jürg Baur auf Seite 7. Die kleine Wiegeweise von 5 Takten ist sehr bald im Ohr der Kinder.

Nun horchen wir so in die Weise hinein, daß wir den Ton, auf den sich alle anderen Töne zu richten scheinen, mitsummen. Es ist das MI. Ihm geben wir jetzt im Schritt der Weise einen „Immerzu" zu singen, einen Ostinato in der Urgestalt, d. h. immer die gleiche Eintonweise mit immer dem gleichen Text. Daher die Bezeichnung Immerzu. Das aber ist das „Schlaf ein!"

der Chorstimmen dieses Schlafliedchens, dessen eigene Weise im übrigen von einer Einzelstimme gesungen werden soll.

Die Ausführung kann in verschiedener Weise erfolgen, einmal so, daß die Begleitstimme immer in gleichen Abständen mitklingt, das andere Mal — und das würde ich vorschlagen —, indem sie einmal vor jedem der beiden Verse anklingt, die dann selbst mit dem Schlußwort „- ein!" zusammen beginnen. Alsdann wiederholt sich die Begleitstimme jeweils mit dem drittletzten Takt des Liedes, wobei der letzte Takt am besten eine Fermate erhält.

So können wir vielen Liedern eine liegende Begleitstimme geben, dem Eisenbahnspiel auf Seite 6 ein „Wir fahren", dem darauffolgenden Osterruf das Wort „Osterhas" und so weiter. Und eines Tages werden wir dann den liegenden Ton „wellen", d. h. an seine Stelle eine kleine melodische Figur setzen.

Alles Leben aber, das uns so begegnet, wollen wir in kleinen Niederschriften aufbewahren. Wir wollen auch aus dem Kopf die Lieder hinschreiben, die wir aus der Fibel gelernt haben, und wollen unsere Niederschrift dann mit der Niederschrift in der Fibel vergleichen. So sollen singendes Schreiben und lesendes Singen ständig miteinander abwechseln. Und wo eine Unklarheit auftritt, greift sofort die singende Hand ein und klärt, und die singenden Hände der Kinder bestätigen. Und wo die singende Hand uns etwas vormusiziert, nehmen wir das Legespiel oder das Notenlinienheft zur Hand und legen und schreiben, was wir soeben gehört haben.

Der Vierton

Eines Tages singen wir das Lied

> „Frühling kommt nun wieder,
> Vöglein singen Lieder, —"

auf die Weise, in der es auf Seite 8 notiert steht. Wir singen es den Kindern vor, wie wenn es nichts wäre, wie wenn es uns zufällig eingefallen wäre; aber wir singen nur die erste Melodiezeile. Zu den weiteren Worten „Meine kleine Flöte, die singt mit" sollen die Kinder selbst eine Weise suchen. Was werden sie tun? Sie werden im Dreiton nach der soeben begonnenen Formel

fortfahren. Nun aber kommt die Überraschung: Ich singe uner-
wartet:

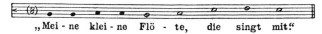

„Mei - ne klei - ne Flö - te, die singt mit."

Welche Fortsetzung ist schöner? Natürlich diese. Weil sie „was
Neues" bringt, weil sie — nun, weil sie „so schön" ist. Die
Kinder können nicht sagen, was sie fühlen; aber den größeren
Reichtum spüren sie sehr wohl.

Versuchen wir es gleich „mit Hand und Mund". Bei der ersten
Zeile geht es gut, aber sobald die zweite ansetzt, zeigen und
singen die weniger Gescheiten einfach MI, während die Ge-
scheiteren merken, daß da ein Ton ist, den wir bisher noch nicht
kennengelernt haben. Da setzt nun ein Horchen und Wieder-
hinhorchen, ein Probieren und Sondieren ein, bis wir „den
Neuen" einmal richtig ins Ohr genommen haben, so, daß wir
ihn wiederholen können, auch dann, wenn wir dazwischen die
andern gesungen haben.

Aber: er hat noch keinen Namen und noch kein Handzeichen.

Also: auf zur Namensfeier! Große Debatte. Vorschläge und
Gegenvorschläge kommen. Bis wir uns auf einen geeinigt haben,
der ja nun die verschiedensten Möglichkeiten der Ausführung
haben kann. Jedenfalls ist eins sicher: wir werden aus dem
Tonkasten mit den Klangstäben zum Glockenspiel den Ton
heraussuchen, der genau so klingt wie der tiefste Ton in unserm
Lied. Und den werden wir dem Dreiton-Glockenspiel einfügen
und werden so ein Vierton-Glockenspiel daraus machen. Dann
werden wir uns um das Glockenspiel herum aufbauen. Hinter
den sitzenden Spieler wird sich ein zweiter mit einer Blockflöte
stellen. Und nun beginnt unser Gesang, den wir uns zusammen-
gebastelt haben, wie ich es nun schon mehrfach beschrieb. Dieses
Mal so:

Eine Stimme:

Wir tau - fen dich in un - ser al - ler Na - men.

Der Chor wiederholt, aber zweistimmig auf SO - MI.

Wie heißt du? Sag!

Darauf wiederholt der Chor abermals und wieder auf SO - MI,
wobei er immer leiser, wartender wird und das letzte Wort aus-
hält, bis eine dunkle Stimme zweimal deutlich vernehmbar
mit Mund und Hand gesungen hat:

Ich   hei - ße   RE,

was als Zusammenklang RE - MI - SO (5 - 3 - 2) ergibt, wobei
das RE klanglich im Vordergrund steht und die Kuckucksterz
wie ein begleitender Überschlager wirkt.

Das Spiel mit dem RE

Zur Sicherung dieses Erlebnisses in uns werden wir nun alles
mögliche mit dem neuen Kameraden, dem RE, unternehmen.
Um nun aber nicht wahllos einfach hin und her zu probieren,
vergewissern wir uns erst einmal der neuen Zweitöne, die damit
in unser Hörfeld eingedrungen sind. Der erste ist MI - RE, die
große Sekund. Der zweite ist die reine Quart SO - RE (die ja
wohl der im Dreiton gefundenen Quart LA - MI entspricht).
Und der dritte ist nun die erste Quint, das LA - RE. Seltsam:
nicht die Quint 5 - 1, die fest auf dem Boden des Grundtons
steht, soll unser erstes Quinterlebnis werden, sondern die Quint
6 - 2, die schwebende Quint.

Gehen wir in unsern kleinen Tonspielen Schritt für Schritt vor,
so beginnen wir mit dem leichtesten Zweiton, dem MI - RE.
Wir erinnern uns alles dessen, was wir bei dem entsprechenden
Zweiton LA - SO erlebten, und tun hier das gleiche, wobei wir
sehr bald feststellen, daß das ja gar nichts Neues für uns ist.
Mühelos singen wir ein paar ruhige und flotte Gedanken in
dieser schwebenden Form mit Hand und Mund. Und wenn wir
auch da nicht phantasielos vorgehen, sondern rhythmisch die
verschiedensten Möglichkeiten auskosten, so holen wir wieder
ein buntes Leben in Tönen herein.

Das zweite ist die Quart SO - RE. Gehen wir immer vom Kuckucksruf aus, bewahren das SO im Ohr und greifen dann unter das MI hinunter, das wir ebenfalls deutlich im Ohr hören, dann ist das RE sogleich da. Darauf schalten wir ein kleines Orientierungsspiel als Zwischenspiel ein, indem wir auf die gegebenen Handzeichen einen um den andern Ton, nachdem wir ihn innen wirklich gehört haben, summen. Das ist zwar nur eine kleine Tastübung, die uns aber für das weitere Musizieren im Vierton einen großen Dienst erweist.

Übrigens haben wir in unserer Fibel auf Seite 8 ein für uns in diesem Zusammenhang besonders wertvolles altes Bastlöselied beim Flötenschneiden („Saft und Saft im Seidenhaus"), bei dem das MI, das im ersten Teil einmal auftritt, im Verfolg der weiteren Melodie immer mehr aus dem Ohr entschwindet, genau so wie in einem etwas geringeren Maße das LA, so daß zum Schluß hin der Quartsprung das Tonfeld mehr und mehr und schließlich ganz beherrscht.

Ist uns dieses sehr wichtige kleine Lied — vielleicht mit einer ganz kleinen Schreitform — vertraut geworden, so tun wir den Sprung zu einem Liede, für das ich dem Komponisten nicht genug danken kann: zu der „Bösen Wirtschaft" von Karl Marx auf Seite 9. Wer das zuerst als Erwachsener nach dem Noten-bilde singt, dem wird es eine Weile fremd bleiben, ehe es sich ihm aufschließt. Wenn es dann aber so vertraut geworden ist, daß er es seinen Kindern vorsingen kann, der wird (wahr-scheinlich zu seinem großen Verwundern) feststellen, wie un-befangen gerade kleinere Kinder darauf zuspringen und ohne die durch das fortgesetzte Dur-Singen hervorgerufenen Erwach-senen-Hemmungen die Singweise bald sehr gern haben.

Worauf sofort auch hier das eigene Probieren mit diesen beiden Quartsprüngen anhebt, einmal aus der Folge LA - MI - SO wie:

{ Müt - ter - lein   mein,
{ ich ——   bin   dein.

und dann auch aus der Folge SO - RE - MI wie etwa:

{ Tan - te   I - da,
{ das war   nie   da!

51

Diese beiden Dreitöne im Vierton werden aber nicht miteinander vermischt, sondern jeder wird zuerst und eine ganze Weile streng für sich durchmusiziert, ehe es zu einer Verbindung kommt. Dabei wird auch ein so ganz innerlich gesammeltes kleines Lied wie Jens Rohwers „Miesechen" zum Ergötzen der Kinder frei aus dem Sprachrhythmus heraus vom Lehrer vorgesungen — nein: im Singen erzählt, ehe es die Kinder, von nicht zu bändigendem Nachahmungstrieb gepackt, dem Lehrer gleichmachen, noch ehe sie es aus der Fibel ablesen und das Abgelesene dann aus dem Kopf niederschreiben.

Bleibt noch die erste Quint LA - RE zum Singen und Musizieren übrig. Die aber stellen wir als ein grundneues Erlebnis, das sehr weit in Zukünftiges hineinragen soll, noch eine kleine Weile zurück. Erst nehmen wir uns nun den ganzen Vierton so vor, als gäbe es die Quint darin gar nicht. Kleine Weisen entstehen, entweder Rufe oder Frage- und Antwortspiele oder Instrumentalduette, alles mit geringstem Ausmaß. Und wo es nur angeht, springt die Mehrstimmigkeit heraus.

Ein paar kleine Erfahrungsbeispiele:

Zuerst „Der Blumenruf". Er bestand darin, daß ganz einfach Blumennamen gesungen wurden. Wenn sich etwas Besonders daraus formen ließ, so geschah es. Wie hier:

(Dreimal)

Ver - giß-mein-nicht,

Das war von einer Stimme zuerst allein gesungen worden, dann von mir ganz einfach in der Weise aufgenommen, daß ich die Klasse vorher das SO - MI langgezogen summen ließ. Das geschah so lange, bis ich der einzelnen Stimme das Zeichen zum Beginnen gegeben hatte. Ich weiß noch: dreimal ist es gesungen worden; aber ich weiß nicht mehr, worin die damit beabsichtigte Steigerung bestanden hat.

Oder dieses wirklich besondere kleine Erlebnis. Eine Stimme sang:

Die Nar-zis - se — [blüht!]

Das war (ohne das letzte Wort) so fein gesungen, daß ich es wieder und wieder vorsingen und dann vom Chor genau so fein wiederholen ließ. „Nun müßte noch ein einziges Wort darauf folgen, dann wär's zu Ende!" Natürlich wurde sogleich das Wort „blüht" vorgeschlagen. Und als ich dann aufforderte: „Singt dies Wort, wie ihr wollt!", da hatte ich wirklich mehr Glück als Verstand. Die Gruppe sang es so still, wie der Name gesungen war, gleichzeitig auf MI, SO und LA. Da brauchte ich nichts zu ordnen, nur zu wiederholen, und jeder horchte auf das Ganze und nahm den Zusammenklang auf.

Oder ein Frage-und-Antwort-Spiel etwa so:
Ein Kind fragt: „Mutter, darf ich spielen gehen?". Die Frage findet mehrere Singweisen, bei einer ganzen Reihe von Kindern im ersten Zweiton, andere wählen die alte Formel des Dreitons, und dann kommt ein Kind mit dieser Frage:

Mut - ter, darf ich spie - len gehn?

Die halte ich fest, übertrage sie auf die Klasse, gebe ihr das ihr angemessene feine Klangvolumen, lasse also einen Augenblick einen ganz kleinen Ausschnitt einer Chorübung daraus werden und locke dann die Antwort, bis sich meldet:

Ja, mein Kind, geh spie - len!

Oder zwei Kinder werden zur Klasse hinausgeschickt mit der Aufforderung, Flöte und Glockenspiel zu einer kleinen Zwiesprache zu führen: erst ein kurzer Ruf der Flöte, dann eine genau so kurze Antwort des Glockenspiels, dann eine etwas längere Frage der Flöte und eine ebensolche Antwort. Aber jedes erst, wenn es da ist, durch Wiederholung so fest einprägen, daß es wirklich lebt. Und es entsteht etwa dieses:

das als kleines Konzert der Gruppe vorgeführt, aber nicht aufgeschrieben wird (weshalb: das zeigt meine Niederschrift hier).

Und nun die Quint LA - RE

Jetzt erst mag das Quinterlebnis seinen Platz finden, vorsichtig und Schritt für Schritt eingeführt und gepflegt. Dazu habe ich einmal diese kleine Weise an die Tafel geschrieben, die ich mir so zurechtbastelte, um jeden Ton des neuen Quintsprungs für sich anklingen und dabei doch schon entfernt die Verbindung mit dem andern aufnehmen zu lassen:

Zuerst wurde sie vortastend mit Hand und Mund gesungen (wenn von Noten zu singen ist, sollten wir es nie anders tun als gewohnheitsmäßig gleich mit Hand und Mund, da der Klang der Stimme immer seine Klärung durch das Handzeichen findet und nur so beide miteinander zu einer Einheit verschmelzen). Dann habe ich es in zwei Chören singen lassen, und zwar bis zur ersten Zäsur den 1. Chor, bis zur zweiten den 2. Chor und dann beide zusammen, und habe dem einen Chor das Glockenspiel, dem andern die Flöte zugeteilt, so daß nach kurzer Zeit auch ein Instrumentalduett daraus wurde.

Bis dann mit einem fernen Anklang an Ludwig Webers Neujahrslied schließlich das klare RE - LA in diesem kleinen Hymnus erschien:

Freut euch al - le, singt mit Schal-le un-serm Herrn für das Lied!

Wer aber eine Gruppe führt, die bis an diese Quintspiele nicht herankommt, weil sie es nicht schafft, der spare es sich für später auf. Eins jedoch sollte in jeder Gruppe auftreten:

Der melodische Spiegel

Wie die Kinder das LA irgendwie als eine Auswellung des SO nach oben empfinden, so empfinden sie das RE als eine Auswellung des MI nach unten. Und wer es recht betrachtet, der findet, daß sich die eine Seite in der anderen spiegelt. Notiere ich gar den Kuckucksruf in den beiden mittleren Zwischenräumen, wie es sich von Seite 4 aus ergab, dann kann ich das Blatt umkehren, und ich habe genau das gleiche Bild:

Genau so, wie wenn ich sie hintereinander notiere:

RE MI SO LA

wobei auch die Zusammenklänge, die ja hier überall den Klangfolgen entsprechen, das gleiche Bild ergeben:

So kann ich jede kleine Figur, die sich „aus SO" entfaltet, „umkehren", indem ich sie „aus MI" entwickle. Wunderbares Beispiel dafür sind die „Rehlein im Walde" von Alfred von Beckerath auf Seite 9. Das ist geradezu ein Musterbeispiel für viele, die wir nun selbst daraufhin bilden. Zum Beispiel folgt auf

Komm, geh heim!

natürlich die Antwort (in der Umkehrung!):

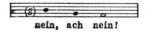

nein, ach nein!

was in unsern Tonspielen so weit gehen kann und bei musikalisch lebendigen Gruppen auch geht, daß der Lehrer geeignete kleine Gebilde auf die Kinder zusingt, und diese rufen sie in der Gegenbewegung zurück, bis schließlich die Klangwellen, mit Hand und Mund auf die Namen der Stufen gesungen, von der einen Seite zur andern geworfen werden. (Natürlich nur dann, wenn der Lehrer sich die Fähigkeit erworben hat, in ganz kleinen und absolut klaren Melodiegebilden die Kinder anzurufen.)

Das führt dann zu dem kleinen Scherz, den ich im „Rätselspiegel" auf Seite 9 gebracht habe, und den wir natürlich nach den Noten absingen müssen. Sind wir am Ende angelangt, so drehen wir das Blatt herum und singen das Ganze noch einmal von rückwärts, was eine wirkliche kleine Liedweise ergibt. Preisfrage, die aber eine sehr ernste Frage ist: Wer in der Gruppe baut zum nächsten Mal einen solchen Spiegel, möglichst mit Text. Und die zweite Preisfrage für die Kollegenschaft: Ist das nun dem Musikvokabular nach ein Krebs oder ein Krebs im Spiegel? Sei es, wie es will: die Hauptsache ist, daß es ein musikalischer Spaß war.

Der Fünfton

Nun tun wir den letzten Schritt, und der Fünfton (der Pentaton) ist da. Die eine Stufe, die „erste", die auf unserm analytischen Wege noch fehlte, war bei unserm Liedersingen und -spielen, das sich in großer Fülle nebenher entfaltete, ja schon längst vorhanden; aber es war noch zu keinem Auftritt gekommen, wir hatten sie noch nicht „zur Kenntnis" genommen. Heute, wo wir sie als solche kennenlernen wollen, holen wir unbemerkt ein paar Singweisen, die sie enthalten, wieder aus unserm Schatzkästlein hervor und singen und musizieren sie. Aber nicht solche, in denen die „erste" Stufe sich heraushebt, daß wir merken, sie will die andern Stufen unselbständig und von sich abhängig machen. Also nicht den Eingangs-Cantus

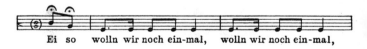

Ei so   wolln wir noch ein-mal,   wolln wir noch ein-mal,

also eine reine Durweise, sondern gerade im Gegenteil eine ausgesprochen pentatonische Weise wie etwa in dem kleinen Laternenlied „Laterne, Laterne, Sonne, Mond und Sterne", das unten auf Seite 10 steht. Ein Lied also, in dem die erste Stufe unwichtig ist und das Ohr den Kuckucksruf von Anfang bis Ende als das durchgehende Band der Melodiewellen hört. Oder den Ostergruß auf derselben Seite mit seinem feinen Aufbau a - b - c - b - a. Wir holen diese und ähnliche Weisen deswegen hervor, um hernach, wenn die erste Stufe in unser Bewußtsein getreten ist, die Möglichkeit zu haben, auf einen reichen Erfahrungsschatz in unserm Sinne, d. h. im wirklichen Pentaton, zurückgreifen zu können.

Freilich: um den Fünfton in der pentatonischen Reihe hörbar zu machen, müssen wir ihn einmal so herauskehren, daß er uns 1. gar nicht entgehen kann, und daß er 2. als der erscheint, den wir meinen. Aus diesem Grunde, allein aus diesem Grunde habe ich mir den Scherz erlaubt und das Neckliedchen „Peter und Paul" dem Kapitel oben auf Seite 10 vorangesetzt. Natürlich kann nun aber bei einer bisher gut geführten Gruppe, in der sich zudem Kinder befinden, die außerhalb der Schule nicht schon ausschließlich „verdurt" worden sind, das folgende „Versehen" eintreten: Wir sprechen den Neckreim vielleicht erst einmal vor, sei es, daß wir ihn als Abzählreim bei einem Spiel gebrauchen, sei es, daß wir ihn zu einem kleinen sprachlichen Reimspiel machen. Dabei lassen wir das letzte Wort — aus Spaß — weg, bis die ganze Gruppe es im Chor ruft. Wenn wir dann aber dasselbe nicht ohne Tonraum sprechen, auch nicht auf einen Ton singen, sondern nach der in der Fibel notierten Weise ansingen, und wir lassen nun das letzte Wort weg, so *kann* es geschehen, daß die Kinder — vor allem, wenn wir die Weise leicht fließend, leicht schwebend gesungen haben — zum Schluß nicht die erste Stufe, sondern die Terz singen. Als ich das einmal erlebte, war ich richtig beglückt über diesen Fehler und schämte mich im Grund meines Herzens, daß ich dann sagen mußte, das sei verkehrt, und an dieser Stelle die erste Stufe sang. Das unausgesprochene „Entschuldigt!" war so leise, daß es niemand gehört hat. Wenn ich daran denke, kommt mir so recht in den Sinn, daß Heiner Rothfuchs in der Fibel den Jungen daneben so gemalt hat, als hätte er einen gehörigen Klaps gekriegt.

Doch Scherz beiseite: die erste Stufe ist da, und sie bekommt den Namen DO und das Handzeichen

Und wenn dieses DO in unserer Musikantenfibel auf dem ganz und gar ungerechtfertigten Wege über die Grundtoneigenschaft zu uns gekommen ist, so mag den Scherz verzeihen, wer es will.

Wer es aber nicht kann, der wähle statt dessen das kleine
Sprüchlein, das ich ein andermal verwandte und für das ich ja
wohl nichts zur Rechtfertigung zu sagen brauche:

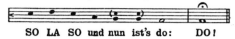

SO LA SO und nun ist's do: DO!

wobei die beiden eingeklammerten SO lediglich als Überschlager,
aber nicht als Hauptstimme zu singen sind.

Jedenfalls wenden wir uns, nachdem wir Namen und Zeichen
zugewiesen bekommen haben, sogleich wieder unsern pentatonischen Fünftonweisen zu und singen und musizieren sie —
und studieren sie. Und an neuen Liedern nehmen wir allen
andern voran das so sehr feine Lied „Beim kleinen Jesulein"
von Fritz Buchtger, das ein rechter Schatz ist, um auf das sorg-
fältigste vokal und instrumental gestaltet zu werden.

Dazu sei erläuternd nur noch das Folgende gesagt: Das Metrum
ist ganz den Worten zu entnehmen. Wer das Sprüchlein fein
spricht, der ist schon im guten Schritt und wird sich nicht versehen. Beim Abgesang sei nur darauf aufmerksam gemacht, daß
die Bindebögen „andeuten" wollen, daß es hier um das geht,
was diesem Teil ja vorauf notiert worden ist: um den Dreischlag. Eigentlich ist die Niederschrift des zweimaligen „Ei-ja!"
streng genommen reichlich unmethodisch. Darf ich aber bekennen,
daß es mir gerade darum lieb ist? Können die Kinder mit dieser
Notation zuerst nichts anfangen, so wird doch ein Teil von
ihnen, sobald sich ein kleines spekulatives Gespräch darüber
entfaltet, sehr wohl etwas daraus lernen, was für später beherzi-
genswert ist.

Aber es sei auch noch ein Wort über die Begleitstimme des
Glockenspiels gesagt, das, behutsam hinzugefügt, von über-
zeugender Wirkung ist. Die kleinen Pfeile, die von jeder Note
nach oben zeigen, geben genau an, wann der Schlag einsetzen
soll. Im Pulsschlag der Gehbewegung (in Vierteln) liegen die
ersten beiden Schläge ein Viertel nach den längeren Tönen. Die
zweite Zeile beginnt alsdann nach dem ersten Glockenschlag.
Beim „Ei-ja!" ergibt das Notenbild, nachdem ich das Vorauf-
gegangene erklärt habe, alles ohne weitere Erklärung.

Nun aber begleiten unser Liedersingen aus der Fibel wie immer
unsere eigenen Tonspiele. Wir probieren, ob es auch hier recht

ist, zu sagen: „Das kann ich auch!", und beginnen — auch wie immer —, den neugefundenen Ton DO den andern vorzustellen und mit ihnen in eine freundliche Verbindung zu bringen. Zuerst, indem wir ihn mit MI und SO zum Dreiklang koppeln. Aber bitte, das möge nicht so geschehen, daß stets nur der Dreiklang als solcher erklingt und damit die übrigen Stufen, mit denen wir bisher so bunt musiziert haben, immer weiter in den Hintergrund treten, bis sie tatsächlich nichts anderes als Eigenschaften von ihm geworden sind, sondern indem wir ihn von unserm Ausgang herleiten, d. h. in den Zweiton, den Dreiton und den Vierton einfließen lassen. Wir singen also — um ein treffendes Beispiel zu geben — nicht so:

Wer kommt mit auf die Schwe-be-bahn? Du und ich!

sondern:

Wer kommt mit auf die Schwe-be-bahn? Du und ich!

Wobei ich mir darüber klar bin, daß es in vielen Fällen dem Lehrer sehr viel schwerer wird, die rechte Anregung zu dem rechten Tonspiel zu geben, als den Kindern. Es wird also auch hier zuerst darauf ankommen, daß der Lehrer selbst an Hand der Fibel übt, so im Fünfton zu rufen und zu signalisieren, daß der Dreiklang darin geborgen ist. Ein sehr gutes Mittel, das zu lernen, ist, ihn zu umschreiben, wie es etwa

die kleine Sägemühle

zeigt, die einmal in einer Stunde entstand. Wir hatten metrische kleine Spiele miteinander gespielt, ohne daß es die Kinder gemerkt hatten. Beim unsichtbaren Zweischlag tauchte die Sägebewegung auf. Die Kinder bewegten den rechten Arm so auf und ab, als wenn sie eine Säge in der Hand hätten und Holz zersägten. Ich hatte in dieses Sägen hineingerufen

„Säge, säge Holz entzwei",

einer hatte das so gesungen:

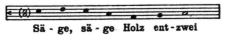

Sä - ge, sä - ge Holz ent - zwei

Ich hatte es gleich wiederholt und hatte dazwischengerufen „Noch eine Zeile!", bis herauskam „groß und klein, ganz einerlei". Wunderbar, nun hatten wir's. Aber die Kinder wußten noch nicht, was wir hatten, ich wußte es allein: den Dreiklang SO - MI - DO in pentatonischer Schwebeform. Was also tun? Ohne viele Umstände war SO - MI - DO auf zwei Glockenspiele verteilt. Der Dreiklang saß. Ich übte ihn mit den beiden Spielern ein paarmal: Wie ich ihn dirigierte, so erklang er, laut, leise, ruhig, scharf und schließlich sehr fein, nur eben angetippt. Damit nun zur Sägemühle zurück und beides zusammengebaut! Erst ein weich tönender Dreiklang, dann eine Pause, dann das Singen, dabei auf „Holz" und auf „ei" ein kurzer, hinterher gleich wieder abgedeckter Dreiklang, und zum Schluß etwas, das ich nur durch das Notenbild erläutern möchte:

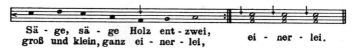

Sä - ge, sä - ge Holz ent - zwei,
groß und klein, ganz ei - ner - lei,   ei - ner - lei.

Die Pfeile deuten die Dreiklangsschläge an. Wie der Schluß wohl geklungen haben mag? Es war jedenfalls so, daß wir das kleine Stücklein gern ein paarmal und auch die nächste Stunde wiederholt haben. Und niemand hat gemerkt, daß wir „den Dreiklang" geübt haben. Und niemand hat vor allem gemerkt, daß dabei das SO als tragende Stufe durchklang und nicht das DO! (Das Stücklein ist eben auch noch mit einem Kuckucksschlüssel notiert, nicht mit einem Grundtonschlüssel, was ich doch festzustellen bitte.)

Alsdann kommt es darauf an, daß wir das neue DO auch den andern uns bisher bekannten Tönen vorstellen, also z. B. dem RE — was abermals die schönsten kleinen Zweitonweisen in der Stufenentfernung eines Ganztonschrittes ergibt, wie wir ähnliche schon mit SO - LA und mit RE - MI kennengelernt haben, wo wir auch beim längeren Musizieren darin merkten, wie alles übrige Tonklingen immer mehr versank und nur die beiden im Ohr zurückblieben.

Derartige Zweitonweisen sollten aber auch hier durch Vornahme reich werden. Das heißt, es sollte nicht immer nur vom RE auf das DO zur Ruhe hinabgegangen werden, sondern auch immer wieder umgekehrt vom DO zum RE in die Schwebe hinein. Also nicht nur:

Und als die Son - ne kam,

sondern auch:

Und als die Son - ne kam, da ward es Tag.

Nur der kleinsten Aufforderung bedarf es dabei, nur etwa: „Geh mal aufs RE, laß die Weise schweben!", mehr nicht. Dann bilden wir unter anderen den Dreiton MI - RE - DO, wobei sich die Tonlinie auch viel lieber „aus MI" und „aus RE" entfalten möge als „aus DO". Dann etwa den Ruf in einem sonst kaum vorkommenden, aber überaus beweglichen Dreiton DO - RE - SO, also ohne MI — wobei sich der Blick des Lehrers einmal nach vorn schauend auf das ganz stark geprägte Beispiel Jens Rohwers auf Seite 15 („Kleiner Frosch") als auf eine kleine Anregungshilfe richten mag.

Welche Fülle melodischer Erlebnisse wartet da, die alle wert sind, durch kleine Niederschriften in Noten aufbewahrt zu werden! Wenn wir uns nur umhorchen lernen, sobald wir das DO mit einem oder zwei anderen Tönen in Verbindung gebracht haben, was die wohl miteinander unternehmen können. Wenn wir uns nur so umhorchen lernen, daß uns der Sprung ins Mittun gelingt. Dann ist uns das Leben offen!

Schließlich wenden wir uns auch dem Intervall zu, das an der Wiege der Musik erklang, der reinen Quint: SO - DO. Ihm sollten wir eine gute Weile auf unserm Wege widmen. Einmal, indem wir sie aufklingen lassen, dann, indem wir sie ausklingen lassen. Aufklingen, das heißt etwa so:
Der Lehrer singt an auf die Worte

Steht auf! Steht auf!

und sagt dann ohne Ton „Die Sonne kommt herauf". Singt dann die Gruppe nach dem Ruf des Lehrers das gleiche an und singt es frisch und lebendig, daß sie „ganz darin ist", wie ein gutes Wort sagt, so fällt die Fortsetzung nicht schwer und wird sich — vielleicht mit Karl Höffer, aber ohne von ihm und seiner Weise zu wissen — etwa so bilden:

Die Son - ne kommt her - auf.

Oder bei einem Abendruf in entgegengesetzter Richtung wird der begonnene Ruf des Lehrers mit der Antwort der Gruppe zusammen das gleiche oder etwas Ähnliches im Ausklingen ergeben, wie es in meinem Unterricht einmal geschah, nämlich:

Der Mond am Him - mel wacht, gut Nacht, gut Nacht!

Wobei sich vermutlich am Schluß eine ungewollte, aber sehr schöne Mehrstimmigkeit ergeben wird.

Nachdem ich meinen Kolleginnen und Kollegen so den Weg zum Fünfton geführt habe, möchte ich mit einer kleinen

Danksagung

schließen, die mir einmal in einer Stunde im Zusammensein mit einer Gruppe beschert wurde.

Ich ließ auf dem Glockenspiel einen ruhigen Glockenton erklingen, und zwar nach dem Voraufgegangenen in einem lang hintönenden SO, das ich dann ebenfalls mit ruhigen Abständen wiederholen ließ. Dabei fragte ich wie skandierend: „Hört ihr nicht der Glocke Klang?", eine kleine Fünftonweise lockend. Aus mehreren Wendungen, die alle das Sprachmelos auf ihre Weise verwirklichten, wählte ich diese aus:

Hört ihr nicht der Glo - cke Klang?

Und nun weiß ich nicht mehr, von wem die Antwort kam:

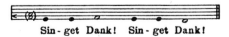

Sin - get Dank! Sin - get Dank!

jedenfalls war sie so sicher da, als wäre sie immer dabeigewesen, als hätte sie immer dazugehört. Und nun fügten wir die Glocke

mit ihren ruhigen Schlägen ganztaktig hinzu und ließen das
Ganze so ausklingen — und lassen jetzt das Ganze unseres bisherigen Weges auch ausklingen, indem wir singen:

(Die Glocke)

Eine Stimme: Hört   ihr nicht der Glo - cke Klang?

Alle Stimmen:

Sin - get Dank! Sin - get Dank!

ANHANG

Das rhythmische Leben bis zum Fünfton

Wer mir bis hierher gefolgt ist, könnte nun in einer Beziehung den Eindruck großer Unbekümmertheit haben, nämlich, was das rhythmische Leben und seine Entwicklung im Kinde angeht. Ist doch bisher davon scheinbar nur am Rande die Rede gewesen, z. B., wo es sich um die Niederschrift von Längen und Kürzen handelte. Und noch dazu offenbar in einer Weise, die der Grundsätzlichkeit alles Sonstigen widerspricht. Denn sonst bin ich immer vom Erlebnis ausgegangen, auch wenn ich die Handzeichen benutzt habe. Erst dann habe ich mit Hilfe der Vorniederschrift und der ihr folgenden Niederschrift zu seiner Analyse geführt, nicht umgekehrt.

Aber dieser Eindruck des Mangels an Folgerichtigkeit täuscht. In Wirklichkeit habe ich das rhythmische Erleben so maßgebend im Vordergrund stehen gehabt, daß es aus keiner Übung wegzudenken ist. Denn nur mit seiner Hilfe konnten wir doch erreichen, daß alles, was wir musizierten, alle Lieder und alle Tonspiele, wirklich lebendige Musik, klingende organische Gebilde waren, und darauf kam es doch an. Ohne das Primat der Melodie wäre freilich alles unmöglich und umsonst gewesen.

Nur eins: Das rhythmische Leben war in uns noch nicht bis zur Klärung in der Untersuchung vorgedrungen. Das habe ich mir bis zu dem Augenblick aufgespart, wo der Fünfton erreicht wurde. Da dieses nun geschehen ist, kann ich mich jetzt auch der Klärung des Rhythmischen in den Anfängen der Musik widmen, und ich möchte es nun hiermit nach den gleichen Grundsätzen und auf die gleiche Weise tun.

Zuvor aber müssen wir doch einmal den Blick zurückwenden und uns klarmachen, was denn bisher auf diesem Gebiet geschehen ist. Da aber muß ich eins als grundlegend vorausschicken: über unser Liedgut hinaus sind es die Handzeichen gewesen — und sie allein! —, die uns ermöglichten, in einer solchen Fülle rhythmische Erlebnisse zu haben, wie es sonst ausgeschlossen gewesen wäre. Wir konnten, da wir die singende Hand melodisch bewegten, z. B. mit Betonungen volltaktig oder ohne Betonungen auftaktig beginnen. Wir konnten die Auftakte im Schritt der kleinen werdenden Melodie auftauchen lassen

konnten sie aber auch schwer stampfend verlängern

und konnten sie andererseits mit dem kleinsten Achtel, ja, gar mit einem Sechzehntel geradezu anspringen lassen

ohne auch nur im geringsten den gewordenen Zweischlag in der Bewegung damit zu verwischen. Im Gegenteil, weil alles melodisch lebendig war, so war es auch der Auftakt. Alles war unserer Gestaltungsphantasie anheimgegeben. Es kam nur darauf an, ob uns etwas einfiel.

Außer volltaktigen und auftaktigen Weisen konnten wir jede Taktart mit den Kindern musizieren, ohne daß sie merkten, um welche es sich handelte. Spürten sie doch nur, daß der eine Beginn leicht fließend daherging, derweil der andere fest und energisch schritt und der dritte vielleicht hüpfte und tanzte. Mit andern Worten: die Kinder erlebten das Leben einer Taktart wirklich, und mit Hilfe des Nachahmungstriebes wiederholten sie das lebendig Angerufene in Handzeichen ebenso lebendig. Aber wir untersuchten es nicht. Wir ließen es erst einmal nur auftauchen, daß es da war, daß es sich vollzog, daß es in fröhlichem Tun Leben weckte.

Das Beglückende dabei war außerdem, daß es uns möglich wurde, jedes rhythmische Leben auftauchen zu lassen, und zwar bis zu Erscheinungen hin, die erst viel später einer wirklichen Analyse durch die Niederschrift zugänglich werden konnten. Wo hätten wir sonst eine Möglichkeit gehabt, die uns gestattete, uns aus unserer Tonbewegungs v o r s t e l l u n g heraus zu bewegen, wenn nicht durch die singende Hand! Hätten wir nur unsere Lieder gehabt, so würde sich das rhythmisch-melodische

Erleben auf ganz bestimmte, in ihrem Rahmen mögliche Geschehnisse beschränkt haben. Durch die Tonspiele aus der singenden Hand erschloß sich die Fülle erst — und sie erschloß sich in der Gabe schweigend und lockte damit die Wiedergabe aus der Tonbewegungsvorstellung heraus.

Ganz vorzüglich half uns dabei jedes in seinem Wesen feine Einton-Instrument wie Tambourin und Triangel, am allerbesten aber zwei Schlaghölzer, jedem Kinde zum klopfenden Schlagen in die Hände gegeben:

So vom Lehrer mit der singenden Hand lebendig vor„gesungen", so von den Schülern innen nach Linie und Schritt vernommen, so mit der Holztrommel oder mit zwei Schlaghölzern in seinem Schreiten lebendig wiedergegeben, so dann in seiner Linie und in seinem Schritt mit dem Mund gesungen und auf einem Glockenspiel oder einer Flöte gespielt — das ist alles eins und ein wirkliches Musizieren mit allen zur Verfügung stehenden Mitteln.

Aber wie gesagt: Ist uns auf diese Weise eine in ihrer Weite gar nicht abzugrenzende Fülle begegnet, so nur, wenn der Lehrer auch hier wieder als derjenige dabei ist, der allen andern voran lebendig vormusiziert und in seinen Erfindungen von immer neuen kleinen Tonspielen alle überragt. Das aber lernt sich nicht von selbst und von heute auf morgen; das will geübt und immer wieder geübt sein. Auch hier ist der Fleiß die Grundbedingung für den Erfolg. Um diesem aber ein Betätigungsfeld geben zu helfen, sei auch hier wieder angeregt, daß der selbstübende Lehrer seiner Phantasie dadurch auf die Beine hilft, daß er ihr flott und wendig immer neue Aufgaben stellt.

Einmal hebt eine Melodie volltaktig in immer neuer Weise an. Dann wieder werden ihr die verschiedensten Auftakte diktiert. Jetzt soll die Hand leicht und fließend zum Volltakt führen, einmal von MI, das andere Mal von SO aus, das drittemal von DO, oder was der Phantasie sonst für Aufgaben zugewiesen werden. Die Hauptsache ist und bleibt: Handeln — handeln — beginnen — nicht nachdenken, nicht überlegen. Das Überlegen hat nicht den geringsten Wert. Wenn ein werdender

Lehrer in einer Probelektion vor der Gruppe steht, und er kommt und kommt nicht zustande, daß es bereits quälend wird, bekomme ich immer wieder die gleiche Erklärung zu hören: er müsse das kleine Tonspiel, das er der Gruppe geben will, doch erst selbst überlegt haben. So ein Irrtum! Beginnen ist alles, mit Vertrauen anheben. Was mit Zweifel und Sorgen beginnt, sollte hier am besten gleich unterbleiben. Es ist schon vertan, ehe es begonnen hat. Also: H i e r beweglich werden, das ist die Aufgabe, so lange üben, bis die Beweglichkeit zur Natur geworden ist. Dann braucht sie nicht mehr geübt zu werden. Ich möchte nun denen, die Lust haben, so „aus der Hand" mit Kindern zu musizieren, noch ein paar Ratschläge geben, die ihnen nützlich sein können, wenn sie nun mit der Niederschrift in Notenwerten beginnen. Wir führen dazu ein Wort ein, das wir bisher nur gelegentlich gebraucht haben, um die Kinder auf das kommende Leben aufmerksam zu machen: Es heißt: die „Schrittweise". Dieses Wort stellen wir ganz bewußt den Worten Singweise und Tonweise an die Seite. Jedes Kind bei uns hat immer wieder erfahren, daß mit den beiden Worten etwas Lebendiges gemeint ist, etwas, das zwischendurch auch immer einmal wieder durch das Wort „Melodie" ersetzt worden ist. Dieses „Lebendige", von dem ich da spreche, ist — wie ich immer wieder betonen möchte — eine atmende Tonbewegung, die sich in Spannung und Lösung vollzieht, bei der jeder einzelne Tonschritt zwar in sich schon eine Strebigkeit hat, bei der aber das Ganze eine einzige organische Bewegung ist, aus der auch nicht das geringste herausgenommen werden kann, weil jedes Einzelgeschehen seinen letzten Sinn im Ganzen hat und nur in ihm in seiner hier vorliegenden Gestalt sinnvoll wird.

Wie die Worte Singweise und Tonweise, so bedeutet nun für uns auch das Wort Schrittweise nicht nur eine Hilfsvokabel und nicht nur, daß die Töne hier in einer bestimmten Weise voranschreiten; sondern in diesem Singular kommt ebenfalls eine organische Bewegung zum Ausdruck. Nicht daß Beethoven seinen bekannten Melzel-Kanon mit dem „Ta — ta — ta" in aufeinanderfolgenden Achteln beginnt, macht die Schrittweise aus (das kann das Melzelsche Metronom auch), sondern daß die Achtel sich in unserm Innern sammeln, sozusagen aufladen, daß ein immer mehr zunehmendes Spannen durch sie hindurchgeht und sie alle miteinander zu einem organischen Ganzen zusammenfaßt, das sie schließlich in einer köstlichen Spirale zur Lösung kommen läßt, d a s ist die Schrittweise. Das Wort bezeichnet also ein Stück Leben.

Da aber geben wir unserer Phantasie nun Aufgaben in einer ganz bestimmten Reihenfolge. Wir erwarten von ihr, daß sie uns erst in der ganz einfachen Schrittweise ein Leben der Melodie hervorzaubert, ehe sie zur zweifachen, ja zur dreifachen Schrittweise wird. Was meine ich damit?

Die einfache Schrittweise

Sie bringt die Töne unseres Fünftons alle gleich lang. Also führen wir hier Achtel, Viertel und Halbe in unabgewandeltem Gleichmaß ein und zeigen den Kindern, daß sie nicht etwas sind, was zum melodischen Leben hinzukommt, sondern daß sie selbst ein Stück dieses Lebens sind, also daß auch ihre Zeichen in der Niederschrift ein Stück Leben meinen.

Natürlich fangen wir — wie in jeder Stunde — mit dem Einton an, ehe wir hier die Grundeinheiten der Schrittweise auf den Mehrton übertragen. Wir lassen gleich Achtel, Viertel und Halbe, alle für sich, auftreten und zeigen erst einmal ihre „rechnerischen" Beziehungen durch ein kleines Spiel, das wir uns ausdenken, etwa wie dieses:

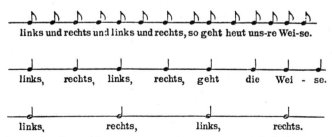

links und rechts und links und rechts, so geht heut uns-re Wei-se.

links, rechts, links, rechts, geht die Wei - se.

links, rechts, links, rechts.

Ich werde aber nicht verraten, wie wir es gespielt haben. Wir begnügen uns jedoch nicht damit, mathematisch genau zu erkennen, daß vier Achtel oder zwei Viertel eine Halbe ausmachen. Das versteht sich von selbst und muß natürlich klar werden. Viel wichtiger aber ist uns die später sehr anfechtbare

Tatsache, daß etwas trippelt, wenn Achtel so aufeinander-
folgen, daß es schreitet, wenn das Notenbild Viertel zeigt, und
daß es ganz langsam (also ruhig, ernst, gemessen, feierlich —
oder was es sonst sein kann) dahergeht, wenn das Auge Halbe
sieht. Ich weiß: es stimmt nicht immer. Nur, solange wir im
Bereich des Kinderliedes, des Volksliedes und der Volksmusik
sind — und darum handelt es sich doch zunächst —, so lange gilt
der Satz. Er gilt nicht nur gedanklich, sondern auch in unserer
Übung. Und das sieht etwa so aus:
Ich gebe eine kleine Tonfolge in Handzeichen, die, in „Nudeln"
an die Tafeln geschrieben, so dreinschaut:

Dann sehen wir den Postboten über Land gehen und hören ihn
anfängt zu laufen, geben ihm die Worte „So tanzen wir den
Ringelreihn" und notieren jetzt:

So tan-zen wir den Rin-gel-reihn.

Dann sehen wir den Postboten über Land gehen und hören ihn
singen „Ich gehe meiner Arbeit nach", was niedergeschrieben
so aussieht:

Ich ge-he mei-ner Ar-beit nach.

bis wir auf dem Glockenspiel den Abend anklingen lassen und
unterlegen die Melodie und schreiben hin:

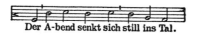

Der A-bend senkt sich still ins Tal.

Also: Auch der Notenwert gibt uns schon zu erkennen, mit was
für einer Bewegung wir es zu tun haben. Solche und ähnliche
kleine Beispiele mit der einfachen Schrittweise singen und
spielen wir und schreiben sie auf.

Wir greifen auch wieder einmal zu unseren alten Abzählreimen, horchen uns in ihr Schreiten hinein und notieren sie dann so:

E - zel   te - zel.
Wer mag   Bre - zel?
Wer mag   Ku - chen?
Du mußt   su - chen!

Oder bei anderer Bewegung in einem ganz andersgearteten Kinderreim so:

Glo - cken   klin - gen,
En - gel   sin - gen,
und mein   Kind - lein
hört fein   zu.

Dabei gibt das Auf und Ab der Notenhälse dem Auge etwas mit, das dem Sinn hernach zugute kommt. Wir bleiben hier aber wie gesagt nicht beim Einton stehen, sondern singen die Reime auf selbstgefundene kleine Weisen im Drei-, Vier- oder Fünfton und schreiben sie dann in der nun bereits übernommenen Art nieder. So entstand aus dem Einton des letzten Verses einmal diese Weise:

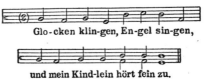

Glo - cken klin-gen, En-gel sin-gen,

und mein Kind-lein hört fein zu.

die wir dann eine Zeitlang mit Glockenspiel und Triangel sangen, wobei beide Instrumente sich gegenseitig ablösten. Im Zusammenhang damit weise ich noch auf eine der schönsten einfachen Schrittweisen in dem kleinen Liede auf Seite 3 hin, der Seite, mit der der erste Abschnitt der Fibel „Wir singen und musizieren bis zum Fünfton" beginnt. Doch verlassen wir die einfache Schrittweise mit dem bekannten Spruch:

Ick   her   keen   Tid,
ick   mutt noch   wit.

und horchen eine kleine Weile auf

die zweifache Schrittweise.

Zweifach, das heißt, daß nicht nur Achtel oder Viertel oder Halbe für sich allein auftreten, sondern zwei zusammen, also Achtel und Viertel oder Viertel und Halbe. Auch Achtel und Halbe?

Wir beginnen etwa damit, daß wir ein paar Händlerrufe vornehmen, sie singen, klopfen und in der nun schon gewohnt gewordenen Weise niederschreiben. Dann versuchen wir, die Schrittweise allein niederzuschreiben. Schließlich fügen wir beides zusammen und haben eine Niederschrift vor uns, die dem entspricht, wie wir derartige kleine Rufe und Liedlein in allen Liederbüchern niedergeschrieben finden. Nur mit dem Taktstrich hat es noch etwas Besonderes auf sich, worauf ich gleich komme. Also: Was der Milchrufer ruft, das haben wir bisher so notiert:

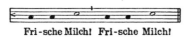

Fri-sche Milch! Fri-sche Milch!

wobei wir zuerst immer auf die Tonweise geachtet und nur die Stellen, wo die Melodie nicht weiterlief, sondern einen Augenblick stehenblieb, durch „Hohlköpfe" erkennbar gemacht haben. Nun aber hören wir auf die Schrittweise. Wir lösen sie von der Singweise und klopfen sie. Wir horchen, ob sie nicht einen Pulsschlag hat, wie alles Lebendige. Dabei fühlen wir, daß der Pulsschlag nicht die trippelnden Auftakter sind. Der Pulsschlag muß ruhiger sein, sonst wird die Musik hastig. Und sieh da: Wir erfahren, daß zwei oder drei in eins gehen. Und wir schreiben hin:

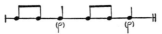

Und nun den seltsamen Scherenschleifer, der da singend rief:

Sche - ren schleif ich bei Tag und Nacht.

Da heißt es schon, deutlich hinhören, wenn durch das Klopfen das rechte Bild der Schrittweise herauskommen soll. Ich bin nicht

71

gleich zufrieden mit der Niederschrift, auch wenn sie richtig ist. Ich möchte die Achtel mit Balken notiert haben, daß ich gleich s e h e, wieviel zusammengehören. Da wird es so:

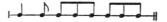

Jeder hört nun aus der Schrittweise die eben vernommene Tonweise wieder heraus.

Das ergäbe eigentlich wieder einmal ein feines Spiel. Wir könnten nämlich, wie wir bisher immer Tonweisen ersannen, nun einmal Schrittweisen ersinnen, zweifache Schrittweisen. Denn bei einfachen Schrittweisen geschieht ja im Ablauf nichts Besonderes, da bleibt ja alles, wie es am Anfang ist. Und was könnten wir tun, wenn wir solche kleinen Schrittweisen ersonnen haben? Wir könnten sie in Tonweisen verwandeln.

Das soll gleich an einem Beispiel, das in meiner Arbeit einmal auftrat, erläutert werden. Es war

der Dummerjan

und fing so an. Ich klatschte diesen Rhythmus:

Nun, es war nicht schwer, nach Wiederholung durch die Gruppe eine Wortfolge herauszuhören. „Was ruft die Schrittweise?" so hieß die Frage und heißt sie immer in solchen Fällen, als wenn ich mir wirklich etwas Bestimmtes vorgenommen hätte. Aber weit gefehlt, ich habe geschwindelt: nichts habe ich mir vorgenommen. Also könnte als Antwort kommen: „Laß mich doch in Ruh" oder „Komm mit mir nach Haus", aber nicht „Was für ein Gaudi". Da haben wir's. Da müßten wir eben schreiben:

damit man gleich merkt, daß das in der Bewegung ganz anders gedacht war, wenn es auch die gleiche Zahl von Achteln auf das Viertel zu hat.

Nun baute ich die Schrittweise aus. Die Forderung an die Schüler war größer. Ich verlangte mehr von ihnen. So viel, daß es an die Grenze ihrer Möglichkeiten ging. Ich klatschte:

(wobei ich hier die Taktstriche nur andeute, damit meine Leser merken, wie es gewesen ist). Da saß die Gruppe fest. Ich mußte sie handgreiflicher locken, daß sie nicht dem Nachdenken verfielen, sondern im Handeln blieben. Ich brach darum sogleich aus dem Einton aus und sang herausfordernd:

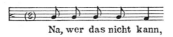

Na, wer das nicht kann,

worauf nach nochmaligem Anruf von einem meiner Schlaumeier prompt die Antwort kam:

der ist ein Dum-mer-jan!

Da hatten wir's. Nun nur noch ein paarmal hin und zurück (vorsingen, nachsingen, klatschen, erst die Frage für sich, dann die Antwort, schließlich beides in eins), und dies kleine Gebilde war in der Gruppe so lebendig, daß es aufgeschrieben werden konnte.

Dieses Aufschreiben aber wurde immer zuerst nach der Art der alten Tabulaturen ausgeführt, d. h., ich habe die Tonweise zuerst in der alten Form schreiben lassen und habe dann die Schrittweise auf eine Linie darüber setzen lassen, um schließlich beide zusammenzuziehen. Auf dem Wege sah es also dann so aus:

Ja wer das nicht kann, der ist ein Dum-mer-jan!

Ein anderes Spiel ist das Frage-und-Antwort-Spiel, auf das ich hier auch noch kurz hinweisen möchte. Es führt den melodischen Sinn in den Kindern zu kleinen Spannbögen, ohne daß sie eigentlich merken, daß sie viel mehr leisten, als sie bisher in den kleinen Rufen und Signalen leisten mußten. Ich frage z. B. klatschend oder klopfend:

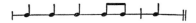

und die Antwort lautet etwa

oder so ähnlich. Vielleicht findet ein Kind auch nur den Weg zu einem

Das mag dann auch genügen. Wenn aber eins darauf antwortet

so ist das gewiß ein Zeichen von wirklicher Begabung. Solche Gebilde müssen dann immer auf die ganze Gruppe übertragen und im gemeinsamen Tun zum Erlebnis aller werden.

Oft habe ich eine derartige rhythmische Frage auch als Hausaufgabe gegeben und habe die Kinder angeregt, mehrere Antworten zu suchen, und zwar sogleich im Drei- bis Fünfton. Es hat dann vor der Klasse rege Anteilnahme erweckt, wenn ich mehrere der Antworten mit Hilfe der gesungenen Wiedergabe zum Vergleich führte.

Aber damit wollen wir die zweifache Schrittweise verlassen und noch einen kurzen orientierenden Blick auf

die dreifache Schrittweise

werfen. Es ist klar, daß es sich hier um das Zusammenkommen von Halben, Vierteln und Achteln handelt, wie es uns schon auf Seite 10 unserer Fibel beim Laternenlied begegnete. Schlagen wir dazu vorschauend Seite 16 auf und wenden uns Carl Orffs kleiner Neckweise zu, so gibt sie uns eine ganz wunderbare Lehre, wie die drei Bewegungsgrade so zu einem Ganzen zusammenkommen können, daß jeder Grad sein eigenes Leben lebt. Stampfen die ersten beiden Viertel großspurig, so laufen die kleinen Achtel dem Schluß zu, während die Sechzehntel als kleine „Anklopferlein" dazwischentrippeln. Natürlich heißt auch hier die Parole: „Das kann ich auch", und schon lassen wir ähnliche kleine Schrittweisen entstehen. Ehe wir aber die kleine Orff-Weise verlassen, probieren wir's schon einmal bei ihr, weil sie sich selten gut zum Verwandeln eignet. Etwa so:

oder gar so, daß sich eine ganz neue Strebigkeit in seinem Ablauf bildet:

So ein kleines Variieren lockt zu immer neuem Leben nach dem Grundsatz: „Das kann ich auch".

Erzählte doch letzthin ein Junge singend eine kleine Geschichte „parlando", die so begann:

Es war ein - mal,   es war mal ein Kö - nig, und der sprach so:

(wobei bemerkt sei, daß es eine Weile Brauch geworden war, die erste Märchenzeile durch die ganze Gruppe wiederholen zu lassen). Da mir sofort auffiel, wie reich dieser Anfang rhythmisch war, notierte ich ihn mir sofort und schrieb ihn bei der nächsten Gelegenheit an die Wandtafel. Das sich zurechtsuchende Absingen war eine köstliche Übung, einmal für das Notensingenlernen, dann aber vor allem für die Entwicklung der rhythmischen Erlebnisfähigkeit der Gruppe.

Bei derartigen kleinen Tonspielen verschiedenster Art in immer neuen Schrittweisen wartet nun längst etwas, das ich in meinen letzten Notenbeispielen bereits andeutend habe auftauchen lassen:

Der Taktstrich

Gäbe es keine Taktstriche, so wäre uns, die wir in die Notenschrift einzuführen haben, vieles leichter. Das werden alle meine Leser bestätigen. Und das Schlimme — oder das Gute? — ist, daß er ja nicht nur eine Angelegenheit der Niederschrift ist, sondern daß er, als er in die Musik eingeführt wurde, auch wirklich etwas mit ihr zu tun gehabt hat und also mit ihr verbunden bleibt. Wenn also im Scherz von Taktstrichmusik und von taktstrichloser Musik gesprochen wird, so ist sich jeder darüber klar, daß mit der einen die frei fließende rhythmisch-melodische Linie, mit der andern aber eine Musik gemeint ist, in der das Metrum formender Faktor der Rhythmik ist. Da die letztere aber heute noch im täglichen Gebrauch die erstere weit überwiegt, so werden wir uns auch im Fibelunterricht nicht damit begnügen, nur Notenwerte zu notieren, wie wir es bisher taten, sondern wir werden auch Taktstriche hinzufügen.

Da aber begegnen wir bei uns immer wieder einem inneren Widerstand, weil wir nämlich fürchten, daß aus jeder Musikstunde in dem Augenblick, wo der Taktstrich „errechnet" wird, eben eine Rechenstunde wird. Jedes Kind wird (wie jeder Musikstudent) beim Notendiktat zuerst mit kleinen Punkten die Tonhöhen der einzelnen Töne wiedergeben, ehe es die Tonwerte notiert, und erst ganz zuletzt wird es die Taktstriche hinzufügen. Aber da naht das Unglück: die Kinder werden auf Grund einer vorgenommenen oder erkannten Taktart die Taktstriche — abzählen und werden nun alles durcheinanderbringen. Was tun? Ich habe stets mit kleinen rhythmisch-melodischen Wendungen angefangen, bei denen mehrere Töne hoppla auf einen Ton zuspringen, etwa so:

also ein Signal, bei dem nun wirklich jeder hören konnte, wie die Achtel auf die Viertel zulaufen und in diese sozusagen hineinspringen. Um dieses Bild des Hineinspringens dann zu unterbauen, habe ich an einen Graben oder eine Hürde erinnert, über die hinweg sich jedesmal der Sprung vollzieht — habe die Hürde aufgerichtet:

und habe den Sprung tun lassen. Dann habe ich kleine Beispiele gebaut, bei denen sich auch der melodische Ansprung aufwärts dem Auge sichtbar macht, wie etwa bei diesem kleinen Motiv:

Das ergab allemal ein nettes Neckspiel. Preisfrage: Wer springt auf wen zu? Oder springt keiner auf den andern zu, sondern alle gleiten fein auf einen zu, der noch nicht angeschrieben ist? Nach dem voraufgegangenen Beispiel müßte dieses der Sinn 'der Weise sein:

Gut, füge ich an der Wandtafel den Taktstrich ein, und wir singen es noch einmal so und fügen einen Triangelschlag auf den ersten und den letzten Ton hinzu, damit es noch etwas lebendiger wird. Nun heißt es aber: Augen zu! Keiner schaut her, bis ich's sage! Und schnell nehme ich den Taktstrich wieder weg und setze ihn so:

Preisfrage: Wie klingt es nun? Wenn das Bild mit der Hürde stimmt, dann ist es klar: der Triangel schlägt auf den ersten und den dritten Ton und wir singen. Also: es ist ein ganz neues Leben daraus entstanden. Das eine Mal war es ein Dreischlag, der zugrunde lag, und der sich beim Weiterführen der Weise auch weiter auswirken würde, das andere Mal war es ein Zweischlag, der die Weise nun ganz anders weiterführen möchte, als es der Dreischlag tat.

Solche kleinen Spiele mit Taktstrichen (die also immer v o r einem Ton stehen, auf den eine Melodie zuspringt) haben uns viel Freude und viel Klarheiten gebracht — trotzdem ich darüber oft bei Kollegen auf energische Ablehnung geraten bin. Keiner aber hat mir einen anderen Weg aufzeigen können, der besser zum Wesen des Taktstrichs in der „Taktstrichmusik" führt als dieser.

Noch ein lustiges Erlebnis, das hierhergehört — und schon weiterweist: Wir singen den Monatsspruch auf Seite 13 unserer Fibel mit dem Klatscher vor dem Schluß „— o wie fein!" Wie wir uns anschließend in ein Gespräch über Taktarten zu verwickeln drohten, ließ ich den Anfang („April, April kann tun, was er will") an die Notentafel schreiben. Das ergab nach wenigen Korrekturen dieses Bild:

Es war völlig klar, daß es sich hier um einen Dreischlag handelte und wohin die Taktstriche zu setzen waren. Nun aber machte ich wieder den Scherz, ließ die Augen schließen und zeichnete die Taktstriche so hinein:

Allgemeines Gelächter war die Antwort über „alle die falschen" Taktstriche, worauf ich mich sehr wehrte, weil ich rhythmisch etwas Neues wollte. „Aber wer singt das?" Langes Probieren hin und her, bis das Melodiegebilde, das vor unsern Augen dastand, nun vor unsern Ohren als Klangbewegung erschien. Als es dann auf Grund des Notenbildes gefunden und wieder der Triangel hinzugefügt war, zeigte sich als das lustigste, daß das SO des letzten Taktes noch eine Art Juchzer dazubekommen hatte.

Noch nicht genug damit, setzte ich nun aber — wieder so, daß die Gruppe mein Tun nicht sah — die letzten beiden Taktstriche dergestalt:

Ja, was war denn das? Kein langes Hin- und Herreden folgte darüber, daß möglicherweise beim 3. und 4. Takt ein Viertel „fehlte", sondern die Beweglichsten der Gruppe versuchten sofort, den Sinn herauszuholen. Und sieh da: es erklang nach einer kleinen Weile mit denselben Tönen wieder ein völlig neues kleines Gebilde, das ein kleines Wegstück in Richtung auf die taktwechselnde Musik unserer Zeit wurde, ein richtiger kleiner „Zwiefacher". Doch damit gerate ich abermals ins Kommende, das immer noch warten muß*).

Zunächst steht nämlich die Aufgabe der Einführung in den Zweischlag, den Dreischlag und den Vierschlag vor uns, wie sie

---

*) An dieser Stelle sei zum ersten Male — für viele weitere Male — auf ein Werk hingewiesen, das uns allen hier wichtigster Lehrmeister sein kann, auf die „Rhythmischen Erfindungsspiele" von Jens Rohwer im Heinrichshofen-Verlag Bremerhaven. Hier wird für die rhythmisch-melodische Erziehung zum erstenmal wesentliches Neuland beschritten, das vor uns allen liegt.

der Gleichschlag

in der Fülle seiner Formen aufweist. „Musik im Gleichschlag"
nenne ich im Fibelunterricht alle diejenige Musik, die keinen
Taktwechsel aufweist, sondern in einer gleichbleibenden Taktart
ihren Weg geht. Ich notiere diese (ab Seite 12) im Anschluß an
neuerdings auftretende neue Notationsweisen nicht danach, ob
ihr Halbe, Viertel oder Achtel zugrunde liegen, sondern nur
nach der Schlagart, die am Anfang durch eine 2, 3 oder 4 kenntlich gemacht wird, über der dann eine kleine Note den Wert des
Pulsschlags angibt.

Damit stehe ich vor der Erarbeitung der Seiten 12 und 13 unserer
Fibel, die demjenigen wiederum eine Fülle von Anregungen
wesentlicher Art auf dem Gebiet der möglichen Taktarten gibt,
der sie zu lesen und in ihrer Absicht zu deuten versteht. Da wir
das aber in den voraufgegangenen Seiten immer wieder geübt
haben, so kann ich mir eine ausführliche Beschreibung vielleicht
ersparen.

Aber etwas möchte ich doch noch sagen. Erst einmal finden sich
hier alle gangbaren Taktarten (einschl. des flotten $^6/_8$-Taktes)
in einfachsten Gestaltungen, so daß es eine Lust sein müßte, sich
singend und musizierend in sie hineinzuleben und jeweils, durch
diese Erlebnisse gelockt, zu eigenen Tonspielen zu führen. Dann
findet sich hier eine Mehrstimmigkeit, die auch etwas Neues
bietet: der Immerzu ist nämlich aus liegenden Tönen zu kleinen
Tonbewegungen vorgestoßen. Vorbereitet wird dieser Schritt
durch die kleine Instrumentalbegleitung zum Scherenschleifer-
lied, indem an die Stelle des nur stilliegenden MI eine fort-
während Welle MI-RE tritt. Durchgeführt aber wird diese
Mehrstimmigkeit da, wo Walter Rein zu dem Liede „Ist ein
Mann in Brunnen fall'n" einen zweistimmigen Immerzu bringt,
der sich noch dazu in ständiger Bewegung befindet. Ich lasse die
beiden Begleitstimmen erst vom Glockenspiel ausführen, ehe die
Gruppe mitsingt, und zwar so, daß der als Vorspiel gedachte
Zweitakter zweimal gespielt wird, ehe die Einzelstimme anfängt,
ihre Geschichte zu erzählen. Währenddessen wird der gleiche
Zweitakter noch dreimal gespielt (oder eben auf Plum-plum
mitgesungen), bis der vorletzte Takt beginnt. Da erklingt dann
nur noch einmal der Zusammenklang SO — DO, der bis zum
Schlußtakt fast verklungen ist.

Das gleiche gilt für das Lied „Im Stall" von Jens Rohwer, wo der Immerzu nun gar schon zu einem kleinen Kanongebilde wird, dessen Unterstimme übrigens am besten vom Lehrer selbst gesungen wird. Sehr gut könnte dem Liede eine ganze Instrumentalstrophe als Vorspiel voraufgehen, bei welcher der Immerzu-Kanon von zwei Glockenspielen und die Geschichte von einer Flöte ausgeführt wird. Nebenbei bemerkt ist die Singweise dieses Liedes die einzige Melodie der Musikantenfibel im vierfachen Schritt, was für die Kinder sehr lustig festzustellen ist.

Im übrigen gliedert sich der Inhalt der beiden Seiten in zwei Gruppen. Die eine sind Stücke, bei denen der Anfangsrhythmus das Maß für die weitere Entfaltung bringt (so beim Scherenschleifer, so beim Marsch von Orff, beim Monatsspruch und beim Wiegenlied); die andere aber sind Stücke, bei denen das Linienhafte so vordergründlich ist, daß keine metrisch-rhythmische Entwicklung den Ablauf prägt (wozu das „Plum-plum", das Regenlied von Lau und das „Horchen auf morgen" von Höffding gehören). Bei den ersteren geht es also darum, daß sie die Gruppe zu eigenen kleinen Tonspielen anregt, die aus klaren metrisch-rhythmischen Anfängen heraus zur Fortführung gelangen; während sich bei den letzteren die frei fließenden Tonspiele aus ruhigen Wortmelodien entwickeln, die den Kindern gegeben werden, oder die sie sich selbst suchen. —

Und nun endlich:

Der Wechselschlag

Man pflegt zu sagen, die Letzten sind die Besten. Von mir aus stimmt es dieses Mal. Wenn auch für meine Leser, so wäre für unsere Jugend manches gewonnen, wie ich hoffe.

Den Taktwechsel hat das vorige Jahrhundert nicht gekannt. Wohl wechselte der Takt in der klassischen und romantischen Musik abschnittweise von Melodie zu Melodie. Das meine ich aber nicht. Hier handelt es sich um das Wechseln der Takteinheiten in der fließenden Linie der Melodie selbst. Das ist es, was wir in der Musik der Gegenwart Polyrhythmik nennen. Nun ist das gewiß nichts Neues. Eine Hochblüte taktwechselnder Musik erlebte das Abendland bereits im 14. und 15. Jahrhundert bei den Niederländern zur Zeit Dufays, Okeghems und Josquins. Aber auch in der Volksmusik unseres eigenen Volkes hatten und haben wir einen blühenden Taktwechsel innerhalb des Bereichs unserer Volkstänze bei den oberpfälzischen Zwiefachen*), den taktwechselnden Rundtänzen, vor uns, die, vermutlich aus dem 19. Jahrhundert, noch heute in Franken und Bayern mit großer Vorliebe getanzt werden. Ja, sogar unsere Kinder sind es, die immer zwischendurch „taktwechselnd" singen, bevor sie in die Schule kommen. Wenn z. B. ein kleiner Junge beim Spielen mit seinen Holztieren singend erzählt:

und wir mit un-sern Tie-ren nach Hau-se ge-hen.

so ist das keineswegs eine Ausnahme, sondern wiederholt sich bei einem singlustigen Kinde, das ganz einfach singt, was es sagen möchte, viele Male am Tag. Wie wir ja überhaupt in unserer Prosa im Grunde das beste Beispiel taktwechselnder Musik vor uns haben, ohne daß wir es merken:

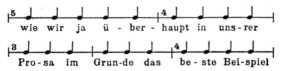

Hier ist nicht der Ort, Zusammenhänge in geschichtlicher Entwicklung aufzuzeigen; es mag uns genügen, daß das Schaffen der Gegenwart den Weg zur Polyrhythmik so wiedergefunden hat, daß es kaum noch einen nennenswerten Komponisten gibt, in dessen Schaffen sich das sprühende Leben des Wechselschlags nicht auswirkt. Seit Bartók, Strawinsky und Hindemith musizieren und singen wir wieder polyrhythmisch, als wenn es uns immer im Blute gelegen wäre. Das ist aber ein Irrtum: in Wirklichkeit aber müssen wir hier wieder in eine Ausdrucksweise der Musik hineinwachsen, die Jahrhunderte verschüttet haben.

Wir müssen über die bisherige rhythmische Erziehung hinaus den Wechselschlag auch wieder als wesentlichen Faktor in die Musikerziehung einführen. Ich mache dabei die Erfahrung, daß größere Kinder, die durch die ausschließliche Pflege des Gleichschlags einseitig und unbeweglich geworden sind, viel schwerer darauf zuspringen als kleinere Kinder, die noch nicht jahrelang

---

*) Von denen eine kleine Auswahl für die Musikerziehung in Kürze in der Bausteinreihe erscheinen wird.

im Gleichschlag erzogen wurden. Ja, es ist mir begegnet, daß Erwachsene sich dieser Bewegungsart so entwöhnt haben, daß es ihnen geradezu Mühe macht, sie ohne Führung lebendig auszuführen. Es wird darum wohl auch hier darauf hinauslaufen, daß erst einmal die Erzieher sich von Grund auf darum bemühen müssen, ehe sie es bei den Kindern versuchen.

Wie bald die Kinder im Fibelunterricht darauf eingehen lernen, das sollte eigentlich bereits das kleine Glockenspiel auf Seite 5 gezeigt haben, das mit seinem Vierschlag, seinem Sechsschlag und seinem Dreischlag schon zu einem recht gesammelten Wechselschlagspiel führt. Wer es mit Kindern auf dem Instrument wirklich lebendig musiziert (und natürlich auch gesungen) hat, der müßte doch erlebt haben, wie magnetisch hier die einzelnen Taktgruppen aufeinander zustreben. Im übrigen: horche doch jeder noch einmal sorgsam nur auf alles das, was die erste Seite des Zweitons (Seite 4) gebracht hat. Er wird jetzt nachträglich merken, daß sehr viel mehr Wechselschlag darin vorkommt, als er eingangs wahrgenommen hat. Schon im Bürgermeister von Wesel! Und wie war es noch im Regenlied von Hans Poser auf Seite 7? Und wie gleich auf der ersten Titelseite, als die drei Wolken im Dreischlag gesungen wurden und zum Schluß der Zweischlag an seine Stelle trat?

Diese Einzelerlebnisse, die überall in das Erlebnis einer neuen Tonstufe eingebaut waren, sollen nun hier im Kapitel über den Wechselschlag (Seite 14/15) selbst auftreten.

Ich habe mit einem kleinen Volksreim begonnen, bei dem sich leider der Druckfehlerteufel eingeschlichen hat. Er muß natürlich so notiert werden:

Dieser Reim soll nur ein Beispiel für viele ähnliche sein, die sich jeder selbst suchen oder bauen kann. Und wer es noch nicht versucht hat, mit den Kindern im Zweischlag und Dreischlag zu reimen, der probiere es mal. Er wird sehen, was für eine Freude sie daran haben.

Alsdann folgt ein alter Almruf, der ein sehr schönes Beispiel für eine im Dreiton SO — MI — RE gesungene Rufprosa ist. Im Sinne dieses Rufs bauen wir ebenfalls kleine, rufend gesungene Zwiegespräche. Und singt dann unser Lehrer mit uns das „Warum? — Darum!" von Wilhelm Keller mit den Klatschern dazu, bis es uns „in Fleisch und Blut" übergegangen ist, dann soll es uns ein Vergnügen sein, dieses kleine Gespräch in Vierteln und Achteln niederzuschreiben und vielleicht sogar die Taktstriche hineinzusetzen.

Lustig ist es mir mit dem kleinen Vers „Der Klaus, der Klaus, der reitet auf der Maus" auf Seite 15 ergangen. Es war ein Abzählreim, der mir in den Sinn kam, als ich gerade im Spiel mit einer Kindergruppe einen Jungen namens Klaus neckte, weil er mich geneckt hatte. Ich wollte ihn im Scherz ärgern und zählte mit seinem Zeigefinger im Kreis ab, wodurch er, mit dessen Hand ich von Kind zu Kind zeigte, immer neben mir herlaufen mußte. Das Verslein blieb mir im Kopf, und als ich es am Schluß der Stunde mit den Kindern im Chor sprach, war die Hausaufgabe da: Jeder singt es zum nächsten Mal und schreibt die Melodie auf.

Da entstand diese kleine Weise. Und als ein Junge sie mir in der folgenden Stunde vorsang, da hätte ich am liebsten im Scherz geschulmeistert, hätte sie korrigiert und gesungen:

Der Klaus, der Klaus, der rei-tet auf der Maus.

Aber nein, der Junge hatte ja gar nicht „ungenau" gesungen, sondern er hatte es ganz richtig aus dem freien Sprachrhythmus heraus getan und ist so zu einem Wechselschlag gekommen. Wir haben die Weise oft und gern wiederholt.

Alle diese und ähnliche kleine Beispiele beweisen einmal, daß Kinder, wenn sie nicht durch die Musikerziehung rhythmisch-metrisch eingeengt worden sind, sehr wohl und sehr natürlich im Wechselschlag singen.

Wie aber steht es nun mit dem instrumentalen Musizieren im Wechselschlag? Wenn ein Zwiefacher (wie zuerst auf Seite 5 und später auf den Seiten 22 und 23) taktwechselt, so geschieht das

eben nicht aus dem Sprachrhythmus heraus, an den sich die
Weise nur anzuschließen braucht, sondern entspringt einer wirklichen Lust zu freirhythmischen Tonspielen. Können wir das
auch?

Ich habe in Lehrerkursen gemerkt, wie neu und ungewohnt das
heute ist, trotzdem wir es in der neuen Chormusik schon überall
pflegen. Da zeigt sich also die Aufgabe, solche Spiele immer wieder auch aus sich heraus zu spielen. Gewiß sind die Oberpfälzer
Zwiefachen ein sehr guter Übungsstoff; aber ob das, was wir tun,
wirklich aus uns heraus kommt, weil es unsere Natur geworden
ist, das erweist sich erst, wenn wir selbst mit Tönen im Wechselschlag spielen können, und wenn uns dieses Spiel Freude macht.
Wir sind hier wieder in der gleichen Lage: erst müssen w i r es
lernen, dann müssen wir es d e n K i n d e r n bringen.

Da aber müssen ganz kleine erste Übungen ansetzen, die wir
uns vornehmen. Ich musiziere etwa im ersten Dreiton und nehme
mir vor, von einem Zweier in einen Dreier überzugehen, also
im Laufen das Tanzen anzufangen, etwa so:

oder umgekehrt vom Dreier in den Zweier:

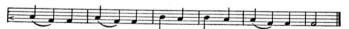

Das erste, was es dabei zu lernen gibt, ist das Nützliche und so
Wunderbare: „mit Pulsschlag" zu musizieren. Wir müssen nämlich den Pulsschlag der Viertel in beiden Weisen deutlich in
uns spüren, um solche Tonlinien bauen zu können. Ferner das
zweite: wir müssen die Zweier und die Dreier so musizieren,
daß sie nicht nur gezählt „richtig" herauskommen, sondern daß
ihre Taktart in uns lebt. Da sein ist gar nichts, sich regen erst
bringt Leben. Und schließlich auch noch das dritte, und das ist
ja wohl das Entscheidende: wir müssen auf den Dreier oder auf
den Zweier zugehen, oder besser gesagt: zusingen lernen. Un-
geahntes Spannen und Lösen begibt sich dabei so stark in uns,
daß wir sehr bald feststellen, daß wir hier etwas für unsern
Musiksinn lernen, was wir bisher noch gar nicht mit der not-
wendigen Lebendigkeit gelernt haben. Gewiß, es ist schon im
Sechser des Glockenspiels auf Seite 5 gewesen; aber da war es

eben erst nur Episode und konnte uns deshalb nicht zu erkennen geben, was es eigentlich für unsern Weg bedeutete.

Wenn ich in diesem Zusammenhang den neuen Zwiefachen von Carl Orff auf Seite 23, der uns, recht ausgewertet, eine Fülle von Möglichkeiten ähnlicher Art erschließt, mit dem Maienkanon von Felicitas Kukuck auf Seite 25 vergleiche, so stehen da die beiden Möglichkeiten des Wechselschlags wie in zwei kleinen Musterbeispielen vor mir: einmal die im Wechsel wirkende Taktart, und beim andern der im Sprachrhythmus gleichbleibende Pulsschlag. Das eine lebt auf durch die Lebendigkeit des Taktes, das andere durch die Lebendigkeit des Wortes.

Doch genug für heute. Dieses Gebiet ist so unerschöpflich und so der nicht endenden Wunder voll, daß es den Rahmen meiner kleinen Einführung in die Musikantenfibel weit überschreitet. Ich will darum Schluß machen in der Hoffnung, daß jedes Ende ein Anfang sei.

SCHLUSSWORT

Hiermit schließe ich einstweilen die Einführung in meine Musikantenfibel ab. Was darüber hinaus zu sagen ist, wird in anderm Zusammenhang gesagt werden, vor allem das, was die Frage der Einführung in ein neues kirchentonartliches Singen und Musizieren angeht, das den bis hierher beschrittenen Weg zur Musik der Gegenwart fortsetzt.

Die Behandlung des Sechstons (mit FA) und des Siebentons (mit TI) erfolgt nach den auf dem bisherigen Wege erarbeiteten Grundsätzen in einer der bisherigen Schilderung entsprechenden Weise, so daß sie keiner besonderen Erklärung bedarf.

Im übrigen wird die praktische Anwendung der Fibel noch mancherlei weiterführende Fragen aufwerfen, die eine Beantwortung fordern werden, und mancherlei helfende Anregungen bringen, die für die Freunde der Arbeit von Nutzen sind. Beides soll meine Sorge sein.

Kolleginnen und Kollegen aber, die meine Musikantenfibel im Unterricht benutzen, bitte ich zum Schluß, mich alles, was mir und über mich hinaus allen von Nutzen sein kann, wissen zu lassen. Es kann eine solche Arbeit, die neue Wege beschreitet, ihren Dienst ja nicht tun ohne die Hilfe derer, die sie in die Praxis umsetzen. Was ich gegeben habe, ist ein Beginn. Möchte uns der Weg gemeinsam einem Ziele zuführen, das es rechtfertigt, sich auf den Weg gemacht zu haben.

Fritz Jöde

BAUSTEINE für Musikerziehung und Musikpflege

Schriftenreihe

Werkreihe

Die Reihen werden fortgesetzt! · Verlangen Sie bitte den ausführlichen Sonderprospekt

B. SCHOTT'S SÖHNE · MAINZ